SITZPLÄTZE
im Garten

blv garten **plus**

Rosa Wolf

SITZPLÄTZE
im Garten

Anlegen • Gestalten
Pflanzen und Accessoires

blv

Inhalt

Die besten Sitzplätze im Garten

Den Garten einmal ganz entspannt erleben. Frische Luft um die Nase, süße Blumendüfte und den Geruch frischer Erde einatmen – ein Traum, der sich leicht erfüllen lässt. Wir zeigen Ihnen, wie Sie Ihren Garten lauschig machen.

Wer will das nicht: in Ruhe ein Buch lesen, für niemanden erreichbar sein, kein Telefonklingeln, das aufschreckt? Jeder kennt das Bedürfnis, alle viere von sich strecken und verschnaufen zu wollen. Welch Glück, wenn dies ohne lange Autofahrt zum See, Strand oder Wald im eigenen Garten geschehen kann. Auch wenn Sie kein riesiges Grundstück haben, wird sich ein Plätzchen finden, das weder von der Terrasse noch von der Straße aus einsehbar ist. Und falls nicht, kann man nachhelfen. Zwischen dichten Sträuchern, eingehüllt von Rosenduft oder tatsächlich in einer Hängematte liegend – alles ist möglich. In einem Gartenhaus oder in einem Pavillon, die von Kletterrosen wie 'New Dawn' oder 'Mme Alfred Carriere' überwachsen sind, lässt es sich wunderbar träumen.

Auf nahezu allen Grundstücken hat der Bauherr an das Sitzen direkt am Haus gedacht, an die Terrasse; und wenn das Grundstück groß genug ist, sogar an zwei. Doch damit ist meist schon die vorgesehene Gemütlichkeit zu Ende. Weitere Sitzplätze mitten im Garten fehlen häufig.

Improvisieren ist eine Möglichkeit, darauf zu reagieren. Mit dem Buch unterm Arm und dem Klappstuhl in der Hand sucht man sich ein Plätzchen zwischen Blumenbeeten oder auf dem Rasen und lässt sich dort nieder, wo es einem spontan gefällt. Die Gestaltung eines festen Sitzplatzes, das Pflanzen eines Heckenrahmens rund um eine Gartenbank, das Aufstellen eines Pavillons oder gar der Bau eines Gartenhäuschens ist dagegen – zunächst – deutlich aufwändiger. Doch es lohnt sich, denn dies wird Ihr bevorzugter Platz im Garten werden, auf den Sie sich immer freuen können!

Was macht den Garten lauschig?

Verwunschene Pavillons, versteckte Lauben, gewundene,

Simpel und doch so wirkungsvoll: Eine Gartenbank am Wegesrand. Eingerahmt von einem Rosenbusch fühlen wir uns darauf besonders wohl.

◀ Ein Pavillon zum Träumen, versteckt zwischen Pflanzen. Seine hellblaue Farbe und die weißen Sprossenfenster betonen die romantische Stimmung.

Der reife Garten fordert Geduld. Eilige bekommen nur Völle, keine Fülle. Auch wenn es noch so schwer fällt, pflanzen Sie nicht zu dicht und auch nicht zu nah an die Sitzplätze. Schon nach kurzer Zeit wird immer wieder deutlich, wie kurz die Vorteile des schnellen Gärtnerns sind und wie fatal die Folgen. Zu dicht gesetzte Sträucher verkahlen und müssen schon bald verpflanzt werden.

schattige Wege vorbei an blühenden Sträuchern und hohen Blütenstauden, von Obst- oder mannshohen Eiben-hecken getrennte Gartenräume, von Pflanzen überwucherte Durchgänge, die unsere Neugierde wecken ... Zugegeben, in alten Gärten mit hohen Bäumen gibt es schon ohne viel Zutun viele romantische Winkel und Ecken. Weitaus größer ist die Herausforderung, die ein neuer, meist vollkommen leerer Garten eines neu gebauten Hauses stellt. Doch auch hier ist es möglich, Geborgenheit und Gemütlichkeit zu schaffen. Sorgen Sie für einen Baum, der seinen Schatten werfen kann, ziehen Sie Grenzen mit Hecken, und gliedern Sie den Garten. Legen Sie organisch geformte Beete an, und gestalten Sie sie mit einjährigen Sommerblumen – auf diese Blühwunder ist Verlass. So wird es schon im ersten Jahr nach dem Einzug ein wenig lauschig im neuen Garten. Nehmen Sie sich die Zeit, den Garten zu planen und all Ihre Wünsche und Bedürfnisse auf Papier festzuhalten, zu überschlafen und gegebenenfalls neu zu ordnen. Verbringen Sie vor der Neu- oder Umgestaltung genug Zeit auf Ihrem Grundstück im Freien. Wo tanzt die Morgensonne? Wo glüht die Abendsonne? Wo wirft das Haus fast das ganze Jahr, außer im Hochsommer, Schatten auf die Beete? Während Sie genau beobachten und sich einfühlen, haben Sie Zeit, eine Wunschliste zu erstellen.

Wunschliste für die Planung

Stellen Sie sich folgende Fragen und notieren Sie die Antworten:
- Träume ich von einem märchenhaften, von Rosen zugewachsenen Platz?
- Oder bevorzuge ich klare Linien, eine dominante Architektur und formale Pflanzen bzw. Pflanzungen, die stets gut in Form sind?
- Liebe ich die gelben Trauben des Goldregens und die

Ein gemütlicher Sitzplatz für die ganze Familie, eingerahmt von niedrigen Buchshecken, beschattet von einem kleinkronigen Baum.

blauen der Glyzinie, oder ziehe ich die immergrünen Blätter des Efeus vor, der auch im Winter saftig grün ist?

- Sind bei mir Gartenfeste häufig, oder genieße ich die stillen Mußestunden im grünen Versteck?
- Wann halte ich mich bevorzugt im Garten auf – am Abend oder am Morgen?
- Wo soll der Platz für meine Familie und mich sein? Oder sind sogar zwei getrennte Plätze möglich?
- Muss ich von überall aus die Kinder hören und sehen können, brauche ich den Blick zum Spielplatz?
- Wer wird noch dort sitzen? Vater, Mutter, Kinder, Nachbarn, Freunde, wie viele Personen?
- Ist für die Kinder vielleicht ein Baumhaus oder ein Indianerzelt aus lebenden Weiden möglich?
- Liebe ich es, am Teich zu sitzen, den Fröschen zu lauschen und den Libellen zuzusehen?

Stellen Sie sich diese und noch weitere Fragen. Je gründlicher Sie das im Vorfeld tun, desto eher wird der Garten später genau Ihren Wünschen entsprechen. Aus den Antworten erge-

Wer sitzt nicht gerne inmitten eines Blütenmeeres von Frauenmantel, Margeriten und Rosen? Lassen Sie Platz im Beet für Tisch und Stuhl.

Verwenden Sie zur Planung die folgende Checkliste:

- Größe des Gartens: .... m Länge × .... m Breite = ... m²

- Ausrichtung:
Wo liegen Süden, Osten und Westen? (Skizze)

	ja	nein
• Lärmpegel – ist eine Seite stärker belastet?	☐	☐
• Störende Sichtachsen zum Nachbarn?	☐	☐
• Sichtschutz zum Nachbarn vorhanden?	☐	☐
• Hecken rund um das Grundstück?	☐	☐
• Gibt es Lücken?	☐	☐
• Gibt es Wege durch den Garten?	☐	☐
• Verlaufen diese gerade oder gewunden?	☐	☐
• Sind die Wege auch mit einem Tablett begehbar?	☐	☐
• Gibt es alte, hohe Bäume, große Sträucher?	☐	☐
• Brauchen Sie eine Baugenehmigung für ein Gartenhaus (bei der Baubehörde erfragen)?	☐	☐

ben sich dann die Anforderungen an die Gestaltung der Sitzplätze. Entweder es genügen spontane, provisorische Lösungen ohne große Vorbereitung, oder Sie bevorzugen einen gestalteten Platz mit festem Untergrund, trittsicherem Bodenbelag und dauerhaftem Regen- und Sonnenschutz.

Bestandsaufnahme

Bevor Sie aktiv werden, Steine verlegen und die Gartenmöbel kaufen, sollten Sie Ihren Garten zuerst einmal im Hinblick auf die zu schaffende Gemütlichkeit prüfen.

Für die Planung von Sitzplätzen ist der Sonnenstand wichtig. Tipp: Farbzonen einzeichnen. Die Morgensonne steht in der orangen, die Abendsonne in der roten Zone. In diesem Garten sind die Sichtachsen (→ Pfeile) zu den Nachbargärten mit Hecken und Bäumen unterbrochen.

Erst planen, dann bauen

Sicher, vieles entsteht beim Machen, beim Pflanzen und praktischen Arbeiten. Das bereitet Freude und lässt Raum für spontane Ideen. Doch ein roter Faden sichert, dass man auf Grund übersprudelnder Pflanzfreude nicht seine eigentlichen Ziele aus dem Auge verliert. Betrachten Sie Ihren Garten mit Muße, stellen Sie sich die Wirkung vor, die ein Gartenhaus, eine Laube, ein Rosenbogen oder eine Weidennische hätte.

Übersicht bewahren – mit einem Gartenplan

Das wichtigste Ausgangsmaterial ist ein Grundstücksplan. Legen Sie über diesen Plan ein Transparentpapier, und zeichnen Sie das Haus, die Grenzen zu den Nachbarn und – sofern vorhanden – die gepflasterten Wege, die bestehenden Bäume, Beete und sonstigen Gartenbereiche ein.
Anschließend gilt es, die Lage der Nachbarhäuser ungefähr einzuzeichnen, vor allem deren Terrassen, Sitzplätze und Wege. Zeichnen Sie nun in einer anderen Farbe die bereits vorhandenen Sichtachsen ein (siehe Beispielplan). An welchen Plätzen begegnen Sie wiederholt dem Blick des Nachbarn, obwohl Sie dort eigentlich ungestört sein wollen? Wo findet stets das freundliche Gespräch über den Gartenzaun statt, und wo könnte man sich ohne großen baulichen Aufwand abgrenzen?

Fünf verschiedene Gestaltungen

Anhand der fünf nebenstehenden Gestaltungen wird deutlich, wo überall im Garten Sitzplätze sein können. Hier einige Beispiele:

- Am Hauptweg ein Pavillon für die gesellige Runde.
- Abseits vom Trubel ein Senkgarten.

Der breite Weg aus Naturstein führt durch einen Senkgarten zu einem Wandbrunnen. Der Pavillon steht auf der Terrasse.

Der Frühstücksplatz ist vom Esszimmer aus begehbar. Die Laube ist eingerahmt von Staudenbeeten. Für die Kinder: ein Weidentipi auf dem Rasen.

Auf der Südseite des Hauses spendet eine Pergola an Sonnentagen Schatten. Hinter der Hecke liegt versteckt die Laube mit Blick über den Teich.

Ein formaler Garten mit großzügiger Pergola und geometrischen Wasserbecken. Über Treppenstufen geht es von der Terrasse zum Garten.

Eine Pergola führt rund ums Haus zu einem Holzdeck, das direkt an den Gartenteich mit Sprudelstein angrenzt. Das Gartenhaus liegt im Obstgarten.

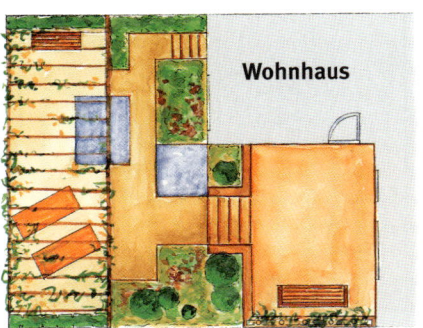

Dieser runde Sitzplatz ist eingerahmt von Sträuchern und groß genug für eine Kaffeerunde mit Freunden.

- Ein Sitzstein in der Abendsonne.
- Eine Laube unter hohen Bäumen.
- Ein Weidentipi oder Baumhaus an der Seite.
- Die Hausbank.
- Die Terrasse am Haus, mit Pergola.
- Ein Frühstücksplatz, vom Esszimmer aus begehbar.
- Eine Gartenbank unter einem Baum.
- Eine Pergola am Teich.

Sehr wichtig ist auch der Sonnenstand. Wer im Umgang mit dem Nordpfeil nicht vertraut ist, sollte sich die Südseite, also die Sonnenseite, gelb markieren, die Morgensonne orange und die Abendsonne rot, als Gedankenstütze. Für all diejenigen, die morgens viel Zeit haben, gilt es, einen Sitzplatz in der orangefarbenen Zone zu gestalten. Für all diejenigen, die erst am Abend ihren Garten genießen können, ist die rote Zone der bevorzugte Bereich, der also in der Abendsonne liegt. Auch im Winter kann man sich an schönen Tagen gut ins Freie setzen. Denken Sie daher auch an die Wintermonate, in denen die Sonne weitaus flacher steht und einen kürzeren Weg am Horizont zurücklegt. Sonst sitzen Sie womöglich im Winter völlig im Dunkeln, während die Wintersonne nur ein paar Meter weiter den Boden wärmt.

Sitzplätze im Eingangsbereich

Die Bank vor dem Haus, der Stuhl neben der Haustüre haben Tradition. Auf dem Lande war der Sitzplatz im Eingangsbereich jahrzehntelang der einzige Platz, an dem sich Bäuerinnen und Bauern nach getaner Arbeit im Freien ausruhen durften. Hier gönnten sie sich eine Pause, hielten ein Schwätzchen mit dem Nachbarn oder beobachteten ihre Kinder beim Spielen auf der Straße. Der eigentliche Bauerngarten war reserviert für Gemüse, Obst und ein paar Schnittblumen für den Sonntagstisch.

Das hat sich geändert. Heute ist der neue Landhausgarten mit Elementen des traditionellen Bauerngartens ganz im Trend.

Buchsgesäumte Blumenbeete zieren die Gärten der Vorstadt. Warum nicht auch dort einen Platz für die Hausbank einplanen? Es reicht schon eine seitliche Erweiterung des Eingangsweges, damit der Stuhl oder Sessel nicht im Wege steht. Als Belag genügt zwar Kies, aber ruhiger wirkt es, wenn man die gleichen Platten oder Steine wie für den Weg verwendet. Sie wer-

Die Hausbank – ein Klassiker aus den Bauerngärten, und ein Muss für moderne Landhausgärten. Ein idealer Platz für die kurze Pause zwischendurch.

Mit einem großen Sonnenschirm und dem Schutz wärmender Hausmauern wird das Zimmer im Freien kuschelig und bleibt auch am Abend noch angenehm warm.

den sehen, wie kommunikativ eine solche Bank ist. Schon bald werden Sie ihre soziale Funktion schätzen. Und die praktische dazu – schwere Einkaufstaschen können dort z. B. bequem abgestellt werden.

Die Terrasse – Sitzplatz am Haus

Die Größe und Lage der Terrasse wird in erster Linie durch das Grundstück, den Grenzverlauf bestimmt. Optimal sind für die Terrasse eine Ausrichtung nach

Südost oder Südwest und ein offener Übergang zum Garten.

Größe der Terrasse

Ist das Grundstück weitläufig, so sollte man die Terrasse mindestens so groß anlegen, wie der Wohnraum ist, aus dem man auf das »Zimmer im Freien« hinausgeht. Allerdings schrumpfen heute die Grundstücke im gleichen Maße, wie die Preise für Bauplätze steigen.

Platzbedarf einplanen

Planen Sie eine Fläche von mindestens drei mal vier Metern ein. Das reicht für eine rechteckige Sitzgruppe mit sechs Plätzen oder einen runden Tisch mit sechs Stühlen. Und so bleibt auch hinter den Möbeln noch genügend Platz. Zum Partyfeiern und Grillen reicht diese Größe jedoch nur knapp, denn Liege, Grill und Sonnenschirm brauchen auch noch Platz.
Am besten skizzieren Sie sich Ihre Terrasse und die Möbel auf (siehe Grafik rechts). Tische sind gewöhnlich 80 cm oder 1 m breit und unterschiedlich lang. Runde Tische können 1,25 m Durchmesser haben, aber auch größer oder kleiner sein. Für Stühle sollte man 1 m² einplanen, da sie zum Aufstehen hin- und herbewegt werden müssen.

Die richtige Form

Rechteckige Grundrisse empfinden wir als harmonisch. Kreisförmige Terrassen bilden einen sehr starken Kontrast zur Archi-tektur des Hauses. Breite Grundstücke ermöglicher Terrassen, die rund ums Haus verlaufen. Nutzen Sie die Möglichkeit, rund um den Wohnbereich mehr als eine Terrasse arzulegen. Das ist äußerst funktional: Während die Sonne ums Haus wandert, wärmt sie jede Terrasse zu einer anderen Tageszeit. Außerdem lassen sich so die große Terrasse als Treffpunkt für die Familie, ein kleiner Frühstücksplatz auf der Südostseite, eine Ecke für Kinder und ein stiller Bereich zum Lesen voneinander trennen ohne drastische Eingriffe wie hohe Mauern oder nüchterne Raumteiler wie dünne Flechtholzwände, die erst nach Jahren von Kletterpflanzen kaschiert werden.

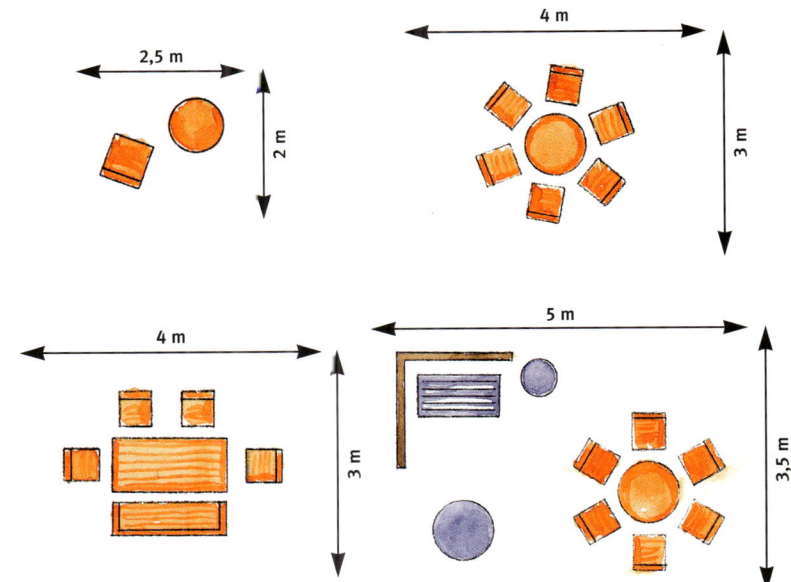

Platzbedarf: Planen Sie Ihre Terrasse groß genug. Für einen Stuhl rechnet man 1 m². Für den Tisch variiert der Platzbedarf je nach Tischgröße. Für Grill und Beistelltisch (siehe Grafik unten rechts) müssen Sie zusätzlich Fläche vorsehen.

Kein Präsentierteller!

Vermeiden Sie erhöht gelegene Terrassen mit steil abfallender Böschung. Dort oben fühlt man sich nicht wohl, der Umgebung preisgegeben und wenig geborgen. Meist ist der Grund für diese aus dem Garten herausragenden Terrassen die Konstruktion des Kellers. Soll dieser nämlich Fenster haben, rückt das gesamte Haus über das Erdniveau hinaus. Zum Erdgeschoss führt bereits eine Treppe hinauf. Die Konsequenz für die Terrasse: Damit diese in gleicher Ebene liegt wie der Wohnraum, muss Boden aufgeschüttet werden.

Ein häufig zu beobachtender Fehler sind direkt auf die Böschungskrone und damit dicht an den Terrassenrand gepflanzte Hecken. Die Pflanzen stehen sehr dicht am Sitzplatz und müssen damit mannshoch sein, um Sie tatsächlich vor neugierigen Blicken zu schützen. Und das dauert ein paar Jahre. Es sei denn, man pflanzt schnell wachsende Scheinzypressen oder Lebensbäume. Diese pflegeleichten Pflanzen erinnern mich ein wenig an Friedhof oder vergessene Zinnsoldaten.

Gestaltungstipp für die Lage der Terrasse.

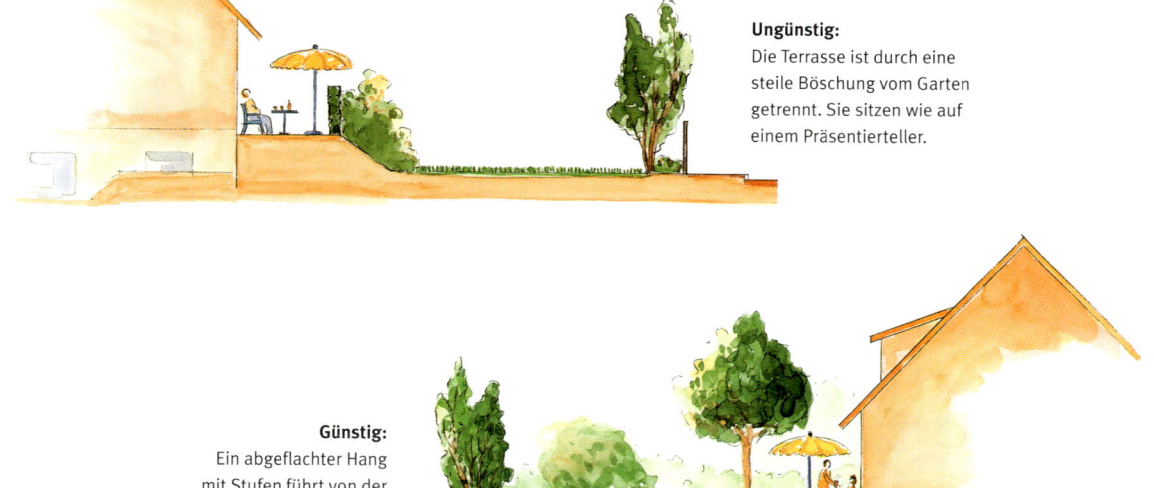

Ungünstig:
Die Terrasse ist durch eine steile Böschung vom Garten getrennt. Sie sitzen wie auf einem Präsentierteller.

Günstig:
Ein abgeflachter Hang mit Stufen führt von der Terrasse in den Garten.

Sind sie mannshoch, engen sie
ein und trennen die Terrasse
vom restlichen Garten massiv
ab. Wie schade. Ist doch der
Blick über gelungene Beete,
über die Früchte getaner Arbeit
so genussvoll und überaus erholsam.
Gänzlich ohne Sichtschutz jedoch sitzen Sie auf erhöhten
Terrassen wie auf einem Präsentierteller. Und die Blumen und
Gehölze an der steilen Böschung unterhalb von Ihnen
können Sie im Sitzen kaum
sehen. Damit wirkt Ihr Garten
von der Terrasse aus optisch

Chinaschilf schützt vor störendem Blicken.
Tipp: Schneiden Sie das Gras erst im
Frühjahr zurück, dann haben Sie auch
im Winter einen Sichtschutz.

Tipp für Ungeduldige:
Hohe Gräser wie das mächtige
Chinaschilf, die brusthohe Rasen-
schmiele oder die straff aufrechte
Rutenhirse (Panicum virgatum
'Strictum') sind eine sanfte Alter-
native zum Sichtschutz aus Holz.
Sie geben dem Terrassengarten
auch im Winter noch Struktur.
Weitere hohe Gräser finden Sie
auf Seite 84.

kleiner, und es entgeht Ihnen
das fröhliche Treiben im Blu-
menbeet.
Besser als erhöhte Terrassen
sind daher **abgestufte Lösungen.** Lassen Sie die Böschung
sanft auslaufen.
Führen Sie mit flachen Stufen
einen geschwungenen Weg in
den Garten. Das lädt zum Lustwandeln ein.
Dagegen wirken schnurgerade,
steile Treppen eher wie ein Hindernis denn wie eine Einla-
dung, in den Garten zu gehen.
Zudem führen sie den Blick der

Eine gelungene Gestaltung: Nur wenige Stufen führen aus dem Haus zur Terrasse.
Diese liegt direkt an einem Gartenteich und an blühenden Staudenbeeten.

Große Natursteine fangen die
Böschung ab und können zugleich
als Sitzsteine dienen.

Weit entfernt vom Haus, mit dem Blick in die freie Landschaft – ein Platz zum Träumen, Dichten, und um die Seele baumeln zu lassen.

Schutz vor Ameisen

Ameisen scheinen einige intensive Düfte nicht zu mögen. Lavendel finden sie abstoßend, ebenso halten Schnittlauch, Krause Minze (Mentha spicata var. crispa), das Wurmkraut (Tanacetum parthenium), Studentenblume (Tagetes patula) und die Ringelblume die fleißigen kleinen Erdbewohner von der Terrasse fern. Letztere allerdings nur, während sie blüht.

Passanten direkt auf Ihren Kaffeetisch. Jegliches Gefühl von Intimität wird damit genommen. Grenzt Ihr Grundstück an freie Landschaft, so sollten Sie sich diese Sichtachse nicht zerstören, sondern die Terrasse dort offen lassen. So können Sie jederzeit den Blick über die Felder schweifen lassen und Ihre Traumlage genießen.

Ein Sitzplatz im Senkgarten – windgeschützt und warm

Karl Foerster, der große Staudenfachmann und Buchautor aus Potsdam, ließ sich für seine Wärme liebenden Stauden einen quadratischen Teil seines Gartens vertiefen und als so genannten Senkgarten bauen. Heute ist er **die** Attraktion im Schaugarten der Gärtnerei Foerster in Potsdam (Adresse siehe Seite 93).
Ins Zentrum des Senkgartens gelangt man über zwei Stufen, die überwiegend bepflanzt sind. In der Vertiefung erwärmt sich der Boden weitaus schneller als auf ebener Fläche, und der Wind setzt den Pflanzen darin nicht so stark zu. Auf der Südseite des Senkgartens erwärmt die Sonne die Steine sehr schnell

und lockt die Pflanzen schon früh aus ihrem Winterschlaf. Dort finden die Sonnenkinder wie Sonnenröschen, Hungerblümchen und Küchenschelle ihren Platz.
Auf der sonnenabgewandten Seite des Senkgartens, an den Schattenstufen, können dagegen Stauden wachsen, die keine Sonne vertragen, aber das milde Klima des Senkgartens lieben. Hier pflanzte Karl Foerster Schatten liebende Blumen wie das Gedenkemein und Farne. Das in Brandenburg gelegene Städtchen Potsdam-Bornim, in der Nähe von Berlin, hat ein sehr raues Klima mit kalten Nord- und Ostwinden. Mit seinem Senkgarten trickste Foerster die Natur dort aus.
Gertrude Jekyll, die begnadete englische Gärtnerin, die mehr als 300 Privatgärten in England und Deutschland plante und Dutzende von Gartenbüchern schrieb, gestaltete in den 20er Jahren mehrere Senkgärten. In Hestercombe in Somerset, einem ihrer wichtigsten Gärten, ließ sie massive Trockenmauern auf drei Seiten um das »Great Plat« (Großes Plateau) errichten; auf der vierten Seite war die Mauer niedriger und der Blick frei auf die dahinter liegenden Wiesen und Felder.

Im Senkgarten von Great Dixter, Süd-England, lässt der Gartengestalter und Buchautor Christopher Lloyd die feurigen Farben Rot und Orange dominieren.

eine feine Sache. Solange die Frühlingssonne noch wenig Kraft hat und die Winde noch kalt um die Ecke pfeifen, wird es in der Senke schon richtig lauschig.

Wie bei einem Gartenteich gräbt man für den Senkgarten ein großes Loch in den Boden. Um darin sitzen zu können, sollte es mindestens 3 × 3 m breit und 1,20 m tief sein. Ideal sind eine quadratische Form und eine umlaufende, etwa 60 cm hohe und 40 cm tiefe Sitzstufe.

Zwei Punkte fallen bei dieser Planung auf:

• Massive Trockenmauern schützen vor Wind und Wetter, speichern die Sonnenwärme und geben diese langsam an die Pflanzen im Senkgarten ab.

• Einen schönen Blick in die Landschaft sollte man nicht verbauen, sondern die Blickachse offen lassen.

Für windige Regionen und Gärten in rauen Hanglagen ist ein Sitzplatz in einem Senkgarten

Der schnelle Weg zum Sitzplatz

Die Sonne scheint und Sie haben fünf Minuten Zeit? Dann nichts wie hinaus in den Garten. Mit dem Klappstuhl unter dem Arm findet sich immer ein Platz an der Sonne. Dazu braucht es keine Vorbereitungen und lange Planungen – nur die Lust zum Träumen!

Spontan genießen – mitten im Garten

Die ersten Strahlen der Frühlingssonne und die letzten im Herbst genießen wir am liebsten in vollen Zügen. Dagegen empfinden wir im Hochsommer die Sonne meist als zu stark und verspüren gleichzeitig den Wunsch, uns in den lichten Schatten einer Baumkrone zurückzuziehen.

Mit einem leichten **Klappsessel** zum Tragen oder einer **Gartenliege auf Rollen** ist das kein Problem. Diese flexiblen Sitzmöbel lassen sich leicht verstellen, und es findet sich immer ein Fleck in der Sonne oder im Schatten, gerade so, wie es das Wetter erlaubt. Dazu sind keine großen Vorbereitungen nötig. Als Untergrund reicht der Rasen völlig aus; zudem wirkt er gemütlich. Ist der Rasen aller-

dings nass, bohren sich dünne Stuhlbeine schnell in den weichen Boden. Dann sucht man sich besser ein Plätzchen auf Steinplatten, und wenn es mitten auf dem Gartenweg ist. Solange keiner des Weges kommt, sitzt man dort sicher, ohne einzusinken und das Gleichgewicht zu verlieren. Auf diese unkomplizierte Art haben Sie in Ihrem Garten eine Fülle von Ruheplätzen für jede Stunde des Tages.

Rückendeckung tut gut

Instinktiv suchen sich die meisten Menschen einen Sitzplatz vor einer Mauer, vor einem zugewachsenen Zaun oder unter einem Baum. So wie wir in der Wohnung nicht gerne mitten im Raum sitzen oder im Lokal am liebsten einen Platz mit dem Blick zur Türe und nicht mit dem Rücken zum restlichen Lokal wählen.

Dieser Wunsch stammt aus unserem Unterbewusstsein und beruht auf jahrtausendealten Erfahrungen, die bereits aus der Steinzeit oder noch früher stammen und die sich tief in uns einprogrammiert haben. Damit unser Gehirn die Befehle »Muskeln entspannen, loslassen und zur Ruhe kommen« akzeptiert, müssen wir uns sicher fühlen – damals wie heute. Sobald »der Feind« nicht von hinten kommen kann, quasi aus dem Hinterhalt, geben wir unsere instinktive »Hab-Acht-Stellung« auf. Ein Baum im Rücken, eine Mauer oder eine Wand signalisiert un-

◀ Mit einem leichten Klappsessel können Sie sich spontan dort niederlassen, wo gerade die Sonne scheint oder die Staudenbeete am schönsten sind.

Zwei Deckchairs, zwei gemütliche Sitzpolster und ein kleiner Tisch – perfekt ist der improvisierte Sitzplatz mitten auf dem Rasen.

seren Instinktsensoren »Rückendeckung« – die Gefahr ist ge-
bannt, wir können uns entspannt
anderen Dingen widmen.
Ist der Garten alt und beher-
bergt ein paar größere Gehölze,
ist es einfach, einen Sitzplatz
mit Rückendeckung zu finden.
Nehmen Sie sich einen Garten-
stuhl, und ziehen Sie sich in den
Schutz von Baum und Strauch
zurück. Wenn wir einen blühenden Fliederbusch im Rücken
fühlen oder unter einem Apfelbaum sitzen, fühlen wir uns
beschirmt und beschützt.
Es ist verblüffend, wie schnell
man dies auch in einem jungen
Garten erreichen kann. Teilen
Sie Ihren Garten gezielt mit
Hecken, Wegen und kleinen
Bäumen auf, und schaffen Sie in
dem meist vollkommen ebenen
Grundstück Höhen durch den
Einsatz von Ranksäulen, Rosen-
bögen oder Solitärsträuchern.
Meist gibt das Haus schon eine
Aufteilung vor: hinter dem Haus
der Garten, den die Engländer
so liebevoll »backyard« nennen,
und davor der meist sehr reprä-
sentative Vorgarten. Die Hauswand gibt Rückhalt, genauso
wie ein Carport oder ein Geräteschuppen. Überall findet sich
ein Plätzchen. Beachten Sie
dazu auch die im ersten Kapitel
gezeigten Ideen (siehe Seite 11).

Feng Shui

Die 5 000 Jahre alte chinesische
Lehre der Harmonie gibt uns
auch für die Planung des Gartens
viele Hinweise und Hilfestellun-
gen. Nach dieser Gestaltungs-
lehre, deren oberstes Ziel der
harmonische Fluss der Lebens-
energie (Chi) ist, sollte der gesamte Garten nach dem **»Lehn-
stuhlprinzip«** gestaltet werden.
Das bedeutet: Die hintere Seite
des Grundstückes wird von einer
lockeren Hecke oder einer halb-
hohen Mauer eingefasst. Zu beiden Seiten geben Sträucher und
Blumen Halt und Schutz, der
Blick nach vorne aber ist frei –
so wie in einem Lehnstuhl mit
hoher Rückenlehne und seitli-
chen Armstützen.

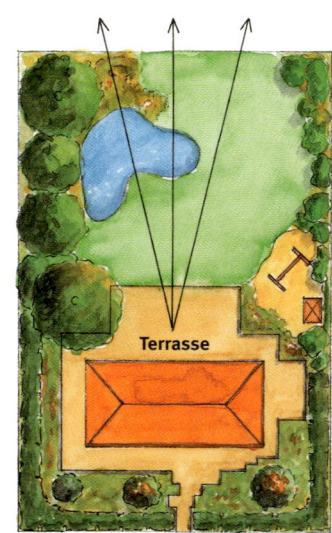

Ein Garten, der nach dem »Lehnstuhl-
prinzip« gestaltet wurde: Der Blick von
der Terrasse aus ist offen, links davon
rahmen hohe Sträucher, rechts davon
niedrige Büsche das Grundstück ein.
Halt gibt eine Hecke hinter dem Haus.

Rückendeckung par excellence: Im Rücken eine mannshohe, rechts und links halbhohe
Eibenhecke, beschirmt von zwei Kugelbäumen (z. B. Trompetenbaum).

Was für den gesamten Garten gilt, kann auch auf die einzelne Gartenbank oder Laube angewandt werden. Pflanzen Sie Hainbuchen, Buchen oder Eiben in Form eines Hufeisens. Innen sollte dann der Platz so breit sein wie Ihre Gartenbank. Diese U-förmige Hecke lässt den Blick nach vorne frei. Wollen Sie ganz für sich sein, lassen Sie die Hecke rundherum verlaufen, aber in Form einer Spirale mit überlappenden Enden – wie der Anfang eines Labyrinths. Sind die Heckenpflanzen hoch gewachsen, kann niemand direkt auf die Gartenbank schauen. Diese Einbindung einer Gartenbank können Sie auch in einer Hecke an der Grundstücksgrenze vornehmen. Pflanzen Sie einfach an der Stelle der Bank die Hecke etwa zwei Meter breit und zweireihig, und führen Sie die innere Reihe als Hufeisen in den Garten.

Übrigens: Auf kleinem Raum und ohne bauliche Maßnahmen bietet ein Strandkorb dasselbe Gefühl der Geborgenheit (siehe Seite 66).

Ruhebänke aus Holz

Sie passen überall hin, ans Ende eines Weges, vor eine Mauer oder mitten auf den Rasen. Am schönsten aber stehen sie unter einem Baum, beschirmt von der Krone. Wie ein Gemälde fügt sich die Gartenbank in das Bild ein. Idyllisch sieht es auch aus, wenn eine weiße Bank von zwei Blütensträuchern flankiert wird, etwa blau- und rosablütigen Hortensien.

Meist werden Dreisitzer angeboten, die zwar relativ breit sind, aber eigentlich zu eng für drei und zu weit für zwei Personen. Kuschelig und weniger pompös wirken zweisitzige Modelle. Suchen Sie sich eine Holzbank mit hoher Rückenlehne aus, das ist bequemer. Und da genau diese sehr auffällt, wenn niemand auf der Bank sitzt, sollte die Rückenlehne schön gemustert sein. Die berühmte **Lutyens-Bank** aus den 2oer Jahren zeigt ein sehr klassisches Design, das für viele andere Bänke Vorbild war.

Lutyensbank mit Kräutern im Kübel

Die Liebesbank entwarf Sir Edwin Lutyens für Gertrude Jekyll. Die Duftkräuter in den Kübeln können samt Zweierbank jederzeit verrückt werden – je nach Jahreszeit und Sonnenstand.

Pflanzliste (von links nach rechts): Duftgeranien *(Pelargonium)*, Rosmarin *(Rosmarinus officinalis)*, Duftwicken *(Lathyrus odoratus)* am Obelisken, Myrten *(Myrtus communis)*, Anis-Ysop *(Agastache foeniculum)*, Pfefferminze *(Mentha × piperita)* und Strauchrose.

Unter der schirmförmigen Baumkrone ist es im Sommer angenehm schattig. Bei leichtem Regen beschirmt uns das Blätterdach.

Die Bank unter dem Hausbaum

Der Baum am Haus symbolisiert seit jeher Schutz und Geborgenheit. Unter der Krone eines Feuerahorns fühlen wir uns beschirmt. Der Trompetenbaum schützt uns mit seinen großen Blättern vor Regen.

Stuhlbeine vor dem Einsinken in den Rasen schützen: Holzscheiben unter die Stuhlbeine legen oder einfach Holzfliesen aus dem Baumarkt an den Sitzplatz setzen. Holzbänke haben meist breite Profile und bohren sich auch nach längerer Zeit nicht in den Rasen ein. Doch die Fliesen können nicht lange liegen bleiben. Der Rasen darunter wird gelb.

Wie eine Einheit wirken Bank und Rasen, wenn man beim Mähen nicht jedes Mal die Rasenkantenschere zur Hand nimmt, sondern um die Beine der Bank die Gräser wachsen oder unter der Bank Schattenpflanzen wie Farne, Elfenblume oder Gedenkemein gedeihen lässt.
Eine schöne alte Tradition aus den Dörfern und von Bauernhöfen sind die **Rundbänke** direkt um einen Baumstamm, meist die Dorflinde. Die Rundbank wird direkt beim Pflanzen des Baumes aufgestellt. Mit den Jahren entwickelt sich »rund um den Baum« ein nettes Plätzchen zum Plaudern. Der Innendurchmesser der Bank darf dabei nicht zu klein bemessen werden, denn der Baumstamm wächst stark in die Breite! Eine Rundbank ist auch ideal für

einen runden Gartentisch mit Sonnenschirm.
Eine Auswahl von Bäumen, die eine schirmförmige Krone bilden, finden Sie auf Seite 77.

Schlichte Steinbänke

Die einfachste und wohl auch älteste Sitzgelegenheit ist ein großer Stein oder Felsblock. Sandstein, Schiefer, Marmor, Granit und andere Natursteine gibt es in vielen Farben und den schönsten Maserungen. Der Standort eines Sitzsteins sollte gut überlegt sein, denn auf Grund seines Gewichtes sollte man jeden zusätzlichen Transport im Garten vermeiden. Haben Moose und Flechten den Stein überzogen, wird er zu einem harmonischen Element im Garten.
Findlinge, Steinblöcke und große Platten geben einem Staudenbeet Struktur, vor allem im Winter, und im Sommer stellen sie im farbigen Blütenfeuerwerk Ruhepole dar, auf denen sich das Auge ausruhen kann. Und nicht nur das. Spontan kann man sich auf den Steinen niederlassen und bei den Pflegearbeiten kurz verschnaufen. Noch spät am Abend gibt der Stein die Sonnenwärme des

Wie ein Fels in der Brandung stehen Möbel aus Stein unverrückbar im Garten. Im Winter sind sie Blickfang und Struktur zugleich.

Führen Sie mit Schrittplatten einen unauffälligen Weg zu Ihrem Sitzplatz. Katzenminze, Frauenmantel und die Rote Spornblume (Centranthus ruber) überwuchern die Steine, so dass der Pfad im Sommer kaum auffällt. Im Winter dagegen strukturiert er das Beet. Zudem schonen die Trittsteine die Wurzeln der Stauden, und der Boden wird beim Auftreten nicht verdichtet. Die Trittsteine sollten so groß sein, dass Sie mit beiden Füßen bequem darauf stehen können.

Tages langsam ab – ein angenehmes Gefühl.

Wer das enorme Gewicht umgehen will, kann auch einen **Kunststein** wählen. Dieser ist weitaus leichter und zudem preiswerter. Allerdings speichert Kunststein keine Sonnenwärme. Der Kunststoff erhitzt sich schnell und kühlt genauso schnell wieder ab.

Siesta wie im Süden

Mit einem **Schaukelstuhl** zwischen blühenden Blumen, duftenden Rosen oder strahlenden Herbststauden kann man »die Seele baumeln lassen« – das Hin und Her des Stuhles beruhigt die Nerven, die Düfte und Aromen des Gartens unterstützen die Entspannung. Ähnlich erholsam ist ein Schä-

ferstündchen in der **Hängematte**. Eine 5-Minuten-Pause kann darin auch einen Nachmittag lang dauern. Wer sich abgespannt, genervt hineinlegt, wird während des sanften Hin- und Herschwingens friedlich einschlummern. Sind große, stattliche Bäume vorhanden, hängt man die Hängematte zwischen zwei Bäumen auf. In

In dieser Hängematte kann man sich spontan niederlassen.

baumlosen Stadtgärten braucht man einen eigens dafür vorgesehenen Ständer oder zwei tief im Boden verankerte Pfosten. Auch an Mauern kann man die Hängematten befestigen. Der spezielle Ständer ist meist so schwer, dass man ihn nicht mehr alleine und spontan bewegen kann. Achten Sie beim Kauf auf die Stabilität und das Gewicht.

Sitzplatz im Staudenbeet

Auch mitten im Staudenbeet oder an dessen Rändern lässt sich ein Sitzplatz anlegen.

Befestigen Sie dazu den Untergrund mit Natursteinen oder mit Holzbohlen, und stellen Sie eine Gartenbank darauf. Dort lässt sich die Ernte der getanen Gartenarbeit genießen, man kann die gepflückten Bohnen schneiden oder den gesammelten Samen von Einjährigen und Stauden trocknen. Ein Rosenbogen über der Bank macht diesen Sitzplatz richtig kuschelig und zugleich zu einem Struktur gebenden Element im Beet. Liegt der Garten an einem leichten Hang oder liegen die Staudenbeete auf sanften Hügeln, so positionieren Sie die Sitzbank am besten auf halber Höhe, niemals ganz oben – sonst hätten Sie wieder den Präsentierteller-Effekt (siehe Seite 16 f.). Auf halber Höhe genießen Sie dagegen den Windschutz, und die Sonne wärmt die Bank eher auf.

Für ein schattiges Beet empfiehlt es sich, den Sitzplatz nur mit Rindenmulch zu ebnen und außen Farne, Salomonssiegel (*Polygonatum*), Elfenblumen (*Epimedium*) und Rodgersien (*Rodgersia*) zu pflanzen.

Ein Tor zum Kräutergarten

Genießen Sie die Kräuter nicht nur im Suppentopf und auf dem Salatteller. Anfassen ist auch schon im Garten erlaubt: Zitronenmelisse, Salbei, Lavendel, Origano, Basilikum und andere Küchenkräuter verlocken mit ihren rauen, silbrigen oder glänzenden Blättern zum Streicheln, Berühren und Fühlen. Belohnt wird man mit einem würzigen Duft, der an Italien, die Provence und an Spanien erinnert. An heißen Tagen erfrischt ein tiefer Atemzug voll frischen Minzendufts. Auf der Südseite des Gartens ist die richtige Lage für einen kleinen Kräutergarten. Bevor Sie die Sonne liebenden Kräuter pflanzen, sollten Sie den Boden mit Kies, Sand oder Lavagrus abmagern. Zu viele Nährstoffe vermindern das Aroma der Hungerkünstler. Allerdings gibt es auch ein paar Ausnahmen. Minzen etwa lieben den nährstoffreichen und feuchten Boden, genauso wie Petersilie, Sauerampfer und Schnittlauch. Am besten teilen

Nehmen Sie Platz im Beet. Ein einfacher Pflegepfad wird zum Ort für ein ungestörtes Stelldichein mit Salbei, Storchschnabel und Frauenmantel. Tipp: Mischen Sie einjährige Kapuzinerkresse und Ringelblumen dazwischen. Ihre kräftigen Orangetöne leuchten monatelang – fertig ist das Gute-Laune-Beet.

Gerade Wege und Beete in geometrischen Formen, markiert durch formale Buchshecken, bringen Ordnung in das muntere Kräuter-Treiben.

Sie die Kräuterarten nach ihren Bodenansprüchen ein und gruppieren sie in verschiedene Felder. So können Sie es allen recht machen.

Formen Sie die Beete ganz nach Belieben. Man kann ein Quadrat z. B. in vier Quadrate aufteilen oder ein vierblättriges Kleeblatt anlegen. Ganz nach dem Vorbild alter Klostergärten könnte ein Rosenbogen den Eingang zum Kräuterparadies betonen. Wer will sich da nicht auch mal niederlassen? Sind die Wege 80 cm breit, kann man bequem einen Stuhl zwischen die Beete stellen. Niedrige, in Form geschnittene Buchshecken betonen die gewählte Struktur und lassen

den Kräutergarten auch im Winter schön aussehen.

Eine Auswahl an verschiedenen Gourmetkräutern finden Sie auf Seite 89, eine Gestaltungsidee für ihren Kräutergarten im Topf auf Seite 23.

Die Füße baumeln lassen – Sitzplatz am Wasser

Direkt am trockenen Steinufer zu sitzen und die Füße ins Wasser baumeln zu lassen – welch wunderbares Sommervergnügen. Aber auch ein einfacher Stuhl, direkt ans Wasser gestellt – sofern der Teichrand mit ebenen Steinen befestigt wurde –, ermöglicht den wohltuend erfrischenden Kontakt zum Element Wasser.

Wer keinen Teich hat, der sollte sich ein kleines **Wasserbecken** gönnen. Das gleichmäßige Plätschern des Wassers beruhigt und belebt zugleich. Sprudelnde Faune, Wassergeister oder Fontänen aller Art spielen in der chinesischen Harmonielehre Feng Shui eine elementare Rolle, denn Wasser spendet Energie. **Quellsteine** brauchen wenig Platz, und es gibt bereits verschiedene Bausätze zum Selberbauen im Handel.

Das macht Spaß! Auf einem Steg sitzen und die Beine ins Wasser strecken.

auf einen blick

- Für Rückendeckung sorgt eine Hecke, eine Mauer oder einfach ein großer Zierstrauch. Unser Unterbewusstsein erhält dadurch das Signal: Du kannst Dich entspannen!
- Ruhebänke aus Holz stehen am besten vor einer Hecke oder unter einem großkronigen Baum.
- Für ein Schäferstündchen mitten im Staudenbeet legen Sie Schrittplatten vor dem Pflanzen oder führen mit Rindenmulch einen schmalen Pfad durch die Stauden. Das Ziel: ein wetterfester Stuhl oder ein Sitzstein.
- Duftende Kräuter in der Nähe des Sitzplatzes.

Ein Sitzplatz – gut vorbereitet

Damit der Tisch nicht wackelt, die Sonne nicht brennt und Sie ungestört entspannen können, sind einige bauliche Vorbereitungen nötig: ein solider Untergrund, ein Schatten spendendes Dach und ein Rahmen aus Pflanzen, der das ganze Jahr über schön aussieht.

Haben Sie anhand Ihrer Wunsch- und Checkliste (siehe Seite 9) eine Stelle für einen festen (Zweit-)Sitzplatz im Garten bestimmt, gilt es, diesen auf dem Gartenplan einzuzeichnen und erste Vorbereitungen zu treffen.

- Führt ein **Weg** durch Ihren Garten?
- Eignet sich der **Bodenbelag** des Weges für den Sitzplatz?
- Ist Ihr ausgewählter Platz von Sträuchern umgeben oder brauchen Sie, um sich wohl zu fühlen, noch den Schutz einer **Hecke**?
- Könnte eine **Pergola** den Sitzplatz einrahmen?
- Haben Sie **Lieblingspflanzen**, die Sie sich in der Nähe Ihres Traumplatzes wünschen?

Viele Ideen und Anregungen finden Sie dazu in diesem Kapitel.

◀ Harmonisch wirken die natürlichen Farben und Formen. Unbehandeltes Teakholz, warmer Naturstein und das beruhigende Grün der Immergrünen.

Grillplatz – ja oder nein?

Das Grillen im Garten zählt laut Umfragen mit zu den beliebtesten Freizeitbeschäftigungen der Deutschen. Bevor Sie sich einen Tischgrill oder gar einen Terrassentisch mit eingebautem Grill kaufen, bedenken Sie: Der Grill wird heiß, und der Rauch brennt in den Augen. Auf Dauer macht ein mobiler Grill am meisten Freude. Wer jedoch einen großen Garten hat, kann sich etwas abseits und windgeschützt einen Grillplatz anlegen. Einen Gartengrill kann man bereits fertig gemauert im Baumarkt kaufen. Doch bedenken Sie die Größe dieser baulichen Elemente. Sie dienen unfreiwillig als Blickfang und sollten daher gut in die Umgebung integriert werden.
Eine niedrige, aus feuerfestem Stein (Schamott) gemauerte Feuerstelle fügt sich besser in den Garten ein. Vor kalten Winden schützt ein abgesenkter Sitzplatz. Das Erdreich können Sie mit Holzpalisaden oder Sitz-

Ein Grillplatz der eleganten Art, Marke Eigenbau. Die Klinkermauer speichert die glühende Hitze des Grills und gibt sie am Abend langsam ab – sehr angenehm!

Mit sanftem Schwung führt der schmale Weg durch die Staudenbeete und gliedert gleichzeitig den Garten.

mauern abfangen. Grillfreunde können dort ihrer Leidenschaft frönen, ohne dass man auf der Terrasse und im Haus von allzu starken Gerüchen belästigt wird. Wer gern »mit dem Feuer spielt«, der sollte sich für eine Feuerstelle am Rand des Gartens entscheiden, mit großen Steinen zum Sitzen rund um das Lagerfeuer. Dafür eignet sich ein Schwenkgrill.

Wege

Stellen Sie sich Ihren Garten wie einen Roman vor. Hecken teilen ihn in einzelne Kapitel ein, Wege und Tore verbinden sie mitein-ander. Die Dramaturgie bestimmen Sie. Spannung entsteht durch einen Weg, dessen Verlauf nicht auf den ersten Blick das Ziel verrät. Harmonisch klingende Geräusche hinter Kurven und Hecken erwecken unsere Neugier, etwa ein Klangspiel im Baum oder das Plätschern von Wasser. Ist eine bestimmte Stelle des Weges für eine Pause, ein Innehalten vorgesehen, so ist dies der Ort für einen Ruheplatz.

Die Wege als eine Art »roter Faden« bilden zusammen mit Hecken und Mauern das Gerüst des Gartens. Sie strukturieren ihn. Tore und Pforten betonen das Eintreten, Hindurchgehen und erhöhen die Spannung. Breite **Hauptwege** wirken einladend, führen zum Haus und zum Auto, begrüßen die Gäste und bilden das Entree in den Garten. Von diesen Hauptadern zweigen die **Nebenwege** ab, schmale, geschwungene Wege, die ermuntern, auf Entdeckungstour zu gehen, vorbei an Stauden und Rosen, unter Sträuchern oder Rosenbogen hindurch, quer durch den Garten oder entlang der Grundstücksgrenze. Diese Wege führen auch zu den Plätzen im Garten, an denen man sich gerne niederlässt, auf einem Sitzstein, einer Gartenbank oder in einer Laube. Mit Freunden und der Familie geht man auf diesen Wegen zum großen Essplatz im Garten. Harmonisch wirken Platz und Wege, wenn sie mit den gleichen oder farblich aufeinander abgestimmten Materialien befestigt sind. Aber auch verschiedene Steinarten, mosaikartig und in verschiedenen Größen miteinander kombiniert, wirken sehr reizvoll.

Untergrund und Bodenbelag

Der Bodenbelag bestimmt den Charme eines Sitzplatzes, zusammen mit den Gartenmöbeln (siehe Seite 61) und den Pflanzen rundherum. Auf dem Untergrund müssen Tisch und Stühle gut stehen. Sorgen Sie für eine solide Basis. Ein Tisch sollte möglichst nicht wackeln, sondern auf ebener Fläche sicher stehen, und die Tischbeine sollten nicht in breite Fugen rutschen können. Die Frage, welches Material sich für die große Kaffeerunde oder den großen Essplatz im Garten eignet, sollten Sie mit Bedacht und Ruhe beantworten. Nutzen Sie dazu die Mustergärten von Natur- oder Betonstein-Firmen, die man jederzeit besichtigen kann.

Granitpflaster können Sie selbst in Kreisbögen verlegen. Für Einfahrten und Wege, auf denen Autos fahren oder parken, ist ein 10 cm hohes Mörtelbett nötig.

Auf die Basis kommt es an

Terrakotta-Fliesen oder indischer **Sandstein** – ihre warmen Farben strahlen Gemütlichkeit aus und verbreiten mediterranes Flair. **Klinker** und **Pflaster** haben eher einen formalen Charakter. Wachsen nach ein paar Jahren Rasen oder andere Kräuter in den Fugen, bekommen diese Materialien einen nostalgischen Hauch.

Kies wirkt kühl, **Holzhäcksel** und **Rindenmulch** robust und **Rasen** natürlich. Letzterer ist aber nicht jederzeit belastbar. Will man auch bei Regen ohne nasse oder schmutzige Füße auf den Wegen oder auf dem Sitzplatz gehen und stehen können, scheiden diese preisgünstigen, so genannten weichen Beläge wie Rasen, Holzhäcksel, Rindenmulch oder Kies aus.

Fliesen oder Dielen aus **Holz** sind auch für den Außenbereich geeignet, vorausgesetzt, die Hölzer wurden kesseldruckimprägniert und fachmännisch verlegt sowie mit Sperren vor Feuchtigkeit aus dem Boden geschützt. Das Holz der Kanadischen Zeder (Red bzw. Yellow Cedar) sowie tropische Edelhölzer (achten Sie auf die Herkunft aus Plantagenanbau!) müssen nicht imprägniert werden.

Natursteine bestechen durch ihre über Jahrtausende hinweg entstandenen natürlichen Farben. Sie zählen zu den wertvollsten und auch haltbarsten Bodenbelägen, haben aber auch einen entsprechenden Preis. Ein alter, von Moos bewachsener Naturstein strahlt Geschichte und Tradition aus. Man fühlt sich darauf spontan wohl.

Betonsteine sind preisgünstig und vielfältig in Form und Farbe. Sobald sich Gras oder Moos zwischen den Fugen breit macht, wirken die Platten zwar etwas lebendiger, doch auch ungepflegt. Den Charme von Natursteinpflaster erreicht Beton jedoch kaum.

Das Natursteinpflaster betont die romantische Atmosphäre dieses Staudengartens. Duftige Blütenwolken in Weiß und Rosa leiten den Blick nach hinten zur Gartenbank.

Vor- und Nachteile der Bodenbeläge auf einen Blick

Naturstein
(Granit, Grauwacke, Sandstein, Kalkstein, Basalt, Gabbro, Quarzit – es gibt mehr als 130 Naturstein-Variationen)
Vorteile:
• große Vielfalt an Farben (mein Farvorit: indischer Sandstein in warmen Gelbton)
• lange Haltbarkeit, sehr widerstandsfähig
• als Platten in den Größen 90 × 60 cm und 30 × 30 cm für Sitzplätze sehr gut geeignet
• Granitpflaster in verschiedenen Größen ist beliebt für Wege im Garten
• zahlreiche Verlegemuster und Kombinationen mit Klinker oder Betonstein möglich
• ideal als Schrittplatten.

Nachteile:
• meist sehr teuer
• Natursteinpflaster ergibt keine ebenen Flächen, Stühle und Tische können darauf wackeln. Deshalb eignet sich das Pflaster weniger für den großen Familiensitzplatz, wo häufig Kaffeetassen und Suppenteller stehen sollen.

Die kreisförmige Fläche lädt dazu ein, es sich hier gemütlich zu machen.

Betonstein
Vorteile:
• große Vielfalt an Formen und Farben; mittlerweile gibt es auch Betonstein mit dünner Natursteinschicht (mein Tipp: Verwenden Sie Grautöne oder blasse Honigfarbe, da sie harmonisch zum Garten passen)
• weitaus preisgünstiger als Naturstein
• Platten sind ideal für Sitzplätze
• einheitlich große Steine, leicht zu verlegen
• gut zu kombinieren mit Ziegel oder Naturstein.

Nachteile:
• intensive Farbtöne können fremd und steril im Garten wirken
• die Farbtöne verblassen mit der Zeit.

Klinker und Ziegel
Vorteile:
• wirken rustikal, ländlich und fügen sich harmonisch in den Garten ein
• leicht und schnell zu verlegen
• vielfältige Verlegemuster: Fischgrätverband (zwei Diagonalen treffen sich von jeder Seite in einem 90°-Winkel), hochkant als Rollschicht, versetzt im Läuferverband, Flechtverband. Zum Teil sind dies schon sehr alte Techniken, über Jahrhunderte gepflegtes Handwerk, was den nostalgischen

Klinker hochkant verlegt. Wenn die lange, schmale Seite nach oben zeigt, wird der Weg besonders stabil (»Rollschicht«).

Ein Kiesweg ist preiswert und einfach zu verlegen. Verwenden Sie nur feinen Kies, darauf lässt es sich viel besser gehen als auf grobem.

Das formale Teichbecken wird von einem Holzdeck eingerahmt – Traumplatz für Sonnenanbeter.

So weich wie ein Waldboden sind Wege aus gehäckseltem Holz oder Rindenmulch. Ideal für naturnahe Gärten.

Charme der Klinkerwege noch verstärkt.

Kies
Vorteile:
• preisgünstig und ideal für geschwungene Wege und runde Plätze
• große Vielfalt an Farben: in Hellbeige aus Quarz, Grau aus Granit, Rot aus Ziegelsplitt, Schwarz aus Kohlenschlacke.
Nachteile:
• damit der Weg nicht immer breiter wird, ist eine Randbefestigung aus Ziegelsteinen, Natursteinen oder Holzpalisaden zwingend erforderlich
• ungeeignet für Gartentische, da zu uneben
• knirschendes Geräusch beim Betreten
• pflegeintensiv (glatt rechen und Unkraut entfernen)
• wird schnell moosig und wirkt dann schmutzig.

Holz
Vorteile:
• kostengünstig
• fachmännisch konstruiert (wasserdurchlässiger Untergrund), ist es langlebig und strapazierfähig. Das Holz von Lärche, Robinie und Eiche hält etwa 15 Jahre
• vielfältig in der Form: Fliesen, Dielen, Sitze, Stufen, Pergolen, Kübel und Sichtschutzelemente sind gut darauf abzustimmen
• für kleine Gärten zu empfehlen: Kantholzpflaster aus kesseldruckimprägnierten Holzklötzen in den Größen 10 cm × 10 cm × 10 cm und 8 cm × 8 cm × 8 cm
• natürliches Material: Harthölzer (Kanadische Zeder, Tropenhölzer aus Plantagenanbau) müssen nicht kesseldruckimprägniert sein und sind pflegeleicht
• ideal für Stege am Wasser,

Plankenwege entlang eines Ufers, für Terrassen am Haus.
Nachteile:
• Weichhölzer müssen kesseldruckimprägniert sein oder regelmäßig mit (ungiftigen) Holzschutzmitteln behandelt werden
• in schattigen Lagen vermoost Holz schnell und wird rutschig. Nur für sonnige Lagen geeignet.

Rindenmulch und Holzhäcksel
Vorteile:
• fällt beim Schreddern von Ästen an
• kostengünstig und leicht auszubringen
• ideal für kuschelige Plätze unter Bäumen.
Nachteile:
• verschlämmt bei Regen schnell
• trocknet in schattigen Lagen nur langsam ab
• der Belag muss alle zwei bis drei Jahre erneuert werden.

Die Anlage eines Rondells

ist mittlerweile sehr einfach geworden. Fertige Kreissegmente werden aus Beton- oder Naturstein angeboten und müssen nur wie Kuchenstücke zusammengesetzt werden. Vorher sollte man die Mitte des Kreises und den Radius bestimmen. Mit einer Schnur und einem Stock in der Mitte lässt sich ein Kreis leicht ziehen. Markieren Sie diesen mit dem Gartenschlauch oder mit hellem Sand oder Sägespänen.

- Natur- und Betonsteinplatten müssen unbedingt frostfest verlegt werden, das heißt auf einem ca. 80 cm tiefen Beton-

Legen Sie zuerst die Mitte des Rondells fest. Fugen und Radius sind bei jedem Steinring neu zu vermessen.

fundament. Ein Sandbett allein reicht unter den Steinen nicht aus; zu leicht kann der Regen den Sand auswaschen. Dazu wird der Boden ausgekoffert. Bauen Sie den Unterbau aus gut verdichtetem Kies oder Schotter (40 cm hoch) und 40 cm Mörtel.
- Vergessen Sie die Kapillarsperre bei Naturstein nicht. Das ist ein frostfester Fliesenkleber (auch Haftbrücke genannt), der das Ausblühen des Zements auf dem Naturstein verhindert. Der Kleber wird auf die Unterseite des Natursteins gestrichen, bevor sie in die Mörtelschicht gedrückt wird.
- Damit das Wasser nach außen abfließt, 1 % Gefälle vorsehen.

Pflastern

Jedes Pflaster braucht einen speziellen Unterbau. Klinker wird auf einer Schicht von 10 bis 15 cm Schotter und 3 cm Sandbett verlegt. Naturstein und Betonstein brauchen ebenfalls 10 bis 15 cm Schotter, aber 4 cm Sandbett, wobei die Fugen komplett mit Sand verfüllt werden. Bei 8er Natursteinpflaster sind das nochmals 8 cm. Kies und Rindenmulch werden direkt auf 10 bis 15 cm Schotter aufgeschüttet.

Einen Weg pflastern
① Zuerst den Untergrund ausheben, dann 10–15 cm Schotter und 8–10 cm Sand verteilen.

③ Für jeden Pflasterstein wird mit dem Hammer das Sandbett vorbereitet. Man arbeitet rückwärts!

Sollen in die Fugen Kräuter oder Rasen gesät werden, müssen die Pflastersteine im Abstand von mindestens 4 cm verlegt werden. Das Sand- oder Splittbett misst auch hier 4 cm, doch

② Kontrollieren Sie die Höhe des Sandbetts.

④ Danach jeden Stein mit dem Gummihammer festklopfen. Anschließend Sand einkehren.

werden die Fugen nur halb mit Sand und der Rest mit Mutterboden aufgefüllt. In Lochziegeln oder Rasengittersteinen sind die Öffnungen vorgegeben. Thymian, Sternmoos *(Sagina subu-*

lata) und Gräser gedeihen in den Fugen.

Wichtig: Bevor gepflastert oder Kies ausgebreitet wird, muss der Boden entsprechend tief **ausgekoffert**, das heißt mit Schaufel und Spaten ausgegraben werden. Zum Einmessen der Tiefe und Breite benötigen Sie Holzpflöcke, Meterstab, Schnur und Wasserwaage. Damit keine Pfützen auf Wegen entstehen, lässt man den Weg auf einer Seite auf 2 cm Höhe abfallen.

Füllen Sie dann so viel Schotter auf, dass nach dem Verdichten mit der Rüttelplatte die Schicht noch 15 bis 20 cm hoch ist.

Wichtig: Beim Verdichten sackt der Schotter auf zwei Drittel der ursprünglichen Höhe zusammen. Das Gefälle muss dann noch immer stimmen! Überprüfen Sie dies mit der Wasserwaage und anhand der Holzpflöcke und Schnüre.

Der Sand wird aufgeschüttet, eingeebnet und nicht verdichtet. Die Pflastersteine werden nun einzeln je nach Muster verlegt. Abschließend werden die Fugen mit Sand gefüllt, der Belag mit einer Rüttelmaschine gefestigt. Für empfindlichen Belag empfiehlt sich eine Maschine mit Gummifuß. Abschließend werden die Pflastersteine noch

Beispiele für Verlegemuster

Läuferverband: Die durchgehenden Fugen lassen den Weg breiter erscheinen.

Fischgrätverband: Die Kanten der Ziegel liegen parallel zu den Rändern des Weges.

Diagonaler Holländischer Verband: Hier wird der Blick von links und rechts nach außen geführt. Kleine Flächen wirken größer.

Als Unterbau für Klinker dient ein 3 cm hohes Sandbett, auf 10 bis 15 cm Schotter ausgebracht.

mal mit Sand bedeckt und dieser mit dem Gartenschlauch eingeschlämmt.

Verlegemuster

Um sich die optische Wirkung des Verlegemusters vorstellen zu können, sollte man sich zunächst ein paar Skizzen auf Papier malen.

Quadratische, in einfachem Raster verlegte Platten wirken statisch. Viel lebendiger wirkt das Bild, wenn die gleichen Platten versetzt verlegt werden, also wenn die Fugen z. B. auf die Mitte der nächsten Platte treffen, oder wenn eine Platte ersetzt wird durch viele kleine Kiesel- oder Pflastersteine oder durch Trittpflanzen. Gut zu wissen: Breite Platten quer zum Verlauf des Weges verlegt, lassen die Fläche optisch breiter erscheinen.

Die seit Jahrhunderten bekannten Fischgrät- und Flechtverbände sind für Ziegelsteine wunderschön. Runde Plätze können mit Mosaikpflaster kunstvoll gestaltet werden, mit Sonnenstrahlen oder unterschiedlichen Farbkreisen. An Stellen, an denen zwei Gartenwege aufeinander treffen, wirkt ein runder Platz aus dem gleichen Bodenbelag verbindend.

Von blühenden Stauden, früchtetragenden Weinreben und Kübelpflanzen eingerahmt: Sitzplatz mit Lutyens-Bank aus Teakholz.

Beschützt und geborgen

Wind und Lärm sollen draußen bleiben, störende Blicke möglichst auch. Vor allem der lauschige Sitzplatz sollte abgeschirmt sein. Eine Einfriedung ist also nötig. Ob es Hecken, Mauern oder Zäune sein sollen, ist eine Frage des Stils, des Geldbeutels und der Zeit, die zur Verfügung steht. Hecken sind eine langfristige Lösung. Sie müssen wachsen und entwickeln sich erst im Laufe der Jahre zu einem harmonischen Rahmen. Hohe Mauern oder Zäune aus Holzlatten, geflochtenen Weiden- oder Haselnuss-ruten oder industriell hergestelltes Flechtholz bieten sofortigen Sichtschutz. Im ersten Jahr verschönern schnell wachsende Kletterpflanzen den kahlen Zaun (siehe Seite 81).

Tore, Pforten und Bögen bieten Durch- und Ausblicke, die neugierig machen und die einzelnen Räume im Garten verbinden. Von Kletterrosen überwachsen, bieten sie im Sommer ein zusätzliches Blütenspektakel.

Vor einer Steinmauer oder vor einer Holzwand klingt der Tag ebenso angenehm aus: Beide speichern die Sonnenwärme und geben sie am Abend wieder langsam ab – eine natürliche Heizquelle bis spät in die Nacht. Den Boden könnte man mit Terrakottafliesen oder indischen Sandsteinplatten gestalten. Sie haben einen warmen gelblichen Farbton, der einladend wirkt. Zudem speichern auch sie die Sonnenwärme für den lauschigen Abend.

Lilien verströmen auch am Abend ihre schweren Düfte.

Gestaltungsidee: »Duftiges Plätzchen für lauschige Sommerabende«

Wählen Sie für den Sitzplatz in der Südwestecke des Gartens Duftpflanzen, die vor allem die Abendstunden versüßen. Die Abendsonne wärmt Sie und entlockt zugleich den Pflanzen ätherische Öle, die einen zarten Duft erzeugen. Wer ein wenig nachhelfen will, braucht die Blätter nur zu berühren. Die **»Streichelpflanzen«** reagieren darauf mit einer dezenten Duftnote.

Pflanzliste:

① Trompetenlilien (*Lilium*-Hybriden) im Topf, weiße Blüten, die am Abend leuchten.

② Blumenrohr (*Canna*-Indica-Hybride), 100–150 cm, Blüte VI–X, gelb, orange, rot, für rasch wachsenden Sichtschutz, ohne Duft.
Niedrigere, duftende Alternative: Levkoje (*Matthiola bicornis*), 40 cm, Blüte VI–IX, rosa, lila oder malvenfarben, süßer Honigduft bei Nacht.

③ Kletterrose 'Zéphirine Drouhin', dornenlos, rosa.

④ Duftendes Geißblatt (*Lonicera periclymenum*), 2–3 m, Blüte VI–VIII, je nach Sorte gelb, rosa oder purpur, süß duftend.

⑤ Ziertabak (*Nicotiana alata*), 150 cm, weiß.

Hecken – ein dichter Sichtschutz nach draußen

Hecken wirken als lebende Mauern nicht so hart, sie verändern sich zudem im Laufe des Jahres. Es dauert allerdings auch einige Jahre, bis Buche, Weißdorn oder Liguster die gewünschten Höhen erreicht haben. Generell sind formale, also schmal geschnittene Hecken für kleine Gärten besser geeignet als frei wachsende, da sie weniger Platz beanspruchen. Blütensträucher wie die Kolkwitzien, Forsythien, Deutzien, Falscher Jasmin oder Flieder werden 2–3 m breit. In Form geschnittene Hecken werden im Laufe von drei bis vier Jahren auch dichter, bei Laub abwer-

Hohe Hecken schützen vor den Blicken der Nachbarn, niedrige Kräuterhecken betonen die formale Struktur des Gemüsegartens.

fenden Sträuchern gilt dies aber nur für den Sommer.

Die meisten Gartenfreunde wollen aber eine Abgrenzung, die das ganze Jahr dicht ist. Dieses kann man nur mit immergrünen Pflanzen erreichen. Scheinzypressen *(Chamaecyparis)*, Lebensbäume *(Thuja)* und Fichten sind preisgünstig und später relativ pflegeleicht. Doch Bambus, Kirschlorbeer, Liguster und Feuerdorn bieten mehr. Ihre Blätter sind ebenfalls im Winter grün, doch zum Teil leuchten im Frühsommer ihre Blüten und der im Herbst folgende Fruchtschmuck ebenso. Die samtig grüne Eibe schmückt sich mit

feuerroten Beeren, der Feuerdorn trägt orange oder rote Früchte.

Im Kapitel »Pflanzen« finden Sie eine ausführliche Beschreibung geeigneter Heckenpflanzen (Seite 78 ff.).

Pflanzung und Pflege von Hecken

Hecken aus Laub abwerfenden Gehölzen können von Ende Oktober bis Ende März mit Ausnahme der Frostperioden gepflanzt werden. **Koniferen** und andere **immergrüne Pflanzen** wie Liguster sollte man im September setzen. Dann haben

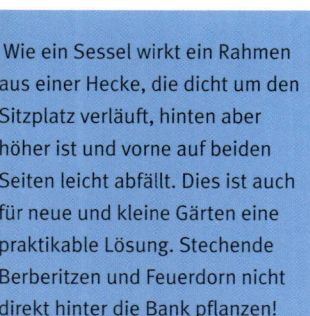

Wie ein Sessel wirkt ein Rahmen aus einer Hecke, die dicht um den Sitzplatz verläuft, hinten aber höher ist und vorne auf beiden Seiten leicht abfällt. Dies ist auch für neue und kleine Gärten eine praktikable Lösung. Stechende Berberitzen und Feuerdorn nicht direkt hinter die Bank pflanzen!

Spannen Sie vor dem Pflanzen eine Schnur.
Dann verläuft die Hecke gerade.

zeln zu bilden, um dann den großen Wasserbedarf der jungen Blätter zu stillen. Außerdem werden Laub abwerfende Gehölze im Herbst und frühen Frühjahr als so genannte wurzelnackte Ware, also mit bloßen Wurzeln ohne Container, relativ preisgünstig angeboten.

Formschnitthecken pflanzt man am besten entlang einer Schnur; das gilt vor allem für Rot- und Hainbuchen. Das sichert einen »schnurgeraden« Verlauf.

Wurzelnackte Pflanzen sollte man vor dem Pflanzen einen Tag lang in mit Wasser gefüllte Eimer stellen. Der Wurzelballen von Immergrünen muss vor dem Pflanzen so lange in Wasser getaucht werden, bis keine Luftblasen mehr aufsteigen.

Für die Pflanzung wird als erstes ein Pflanzgraben von 40 cm Tiefe ausgehoben und mit einem Gemisch aus Pflanzerde,

diese Gehölze noch genug Zeit, anzuwurzeln und ohne Schaden durch den Winter zu kommen. Denn immergrüne Pflanzen brauchen auch in der frostfreien Zeit im Winter Wasser, was sie nur über ein ausreichend eingewachsenes Wurzelsystem aufnehmen können.

Sommergrüne Laubgehölze
sollte man erst nach dem Laubfall im November oder Dezember pflanzen. Dann hat die so genannte Saftruhe für diese Sträucher begonnen, das Umpflanzen bereitet ihnen zu dieser Zeit keinerlei Stress. Bis zum Laubaustrieb im Frühjahr bleibt den Pflanzen genug Zeit, Wur-

Hecken richtig pflegen

Schnittzeitpunkte

Pflanzenart	im Juni	im August	im Herbst
Buchsbaum (Buxus sempervirens)	×	×	×
Weißbuche (Carpinus betulus)		×	
Haselnuss (Corylus avellana)	×		
Weißdorn (Crataegus monogyna)		×	×
Rotbuche (Fagus sylvatica)		×	
Liguster (Ligustrum-Arten)	×	×	×
Feuerdorn (Pyracantha coccinea)	×		
Eiben (Taxus baccata)	×	×	×

Pflanzabstand

30 cm	45 cm	60 cm
Buchsbaum (Buxus sempervirens)	Weißdorn (Crataegus monogyna)	Weißbuche (Carpinus betulus)
Heckenkirsche (Lonicera nitida)	Forsythie (Forsytnia × intermedia)	Haselnuss (Corylus avellana)
	Stechpalme (Ilex aquifolium)	Rotbuche (Fagus sylvatica)
	Heckerrose (Rosa rugosa)	Feuerdorn (Pyracantha coccinea)

Kräftig Pink leuchten die gefüllten Blüten dieser Rose. Ein Tipp: Pflanzen Sie Kletterrosen im Abstand von 30 cm von der Mauer, z. B. die reichblühende, duftende 'Zéphirine Drouhin'.

Humus und Kompost halb aufgefüllt. Dann werden die Pflanzen hineingestellt, noch einmal gut gewässert und die restliche Pflanzerde aufgefüllt. Wichtig ist, dass die Pflanzen vorsichtig, aber fest angedrückt werden, damit die Wurzeln Erdkontakt bekommen.

Heckenschnitt

Damit die Hecken schön dicht werden, sollten die Pflanzen in einem Abstand von 30 bis 60 cm gepflanzt und regelmäßig geschnitten werden. Der beste Zeitpunkt dafür richtet sich nach den jeweiligen Gehölzen (siehe Tabelle Seite 39). Man sollte Hecken oben schmaler schneiden als unten, damit Licht und Luft an alle Pflanzenteile kommen. Auf diese Weise wird ein kahler Fuß der Hecke verhindert.

Mauern – ideale Rückendeckung

Die meisten Engländer haben das, wovon viele von uns nur träumen: Gartenmauern rund um das Grundstück. Aus Ziegeln, Klinkern und Naturstein, alt, wunderbar vermoost und von Farnen, Zimbelkraut und Kletterrosen erobert. Bei uns ist eine Mauer, die höher als 1,80 m bzw. 2 m ist, genehmigungspflichtig. Leider. Erkundigen Sie sich auf jeden Fall vor dem Mauern bei der zuständigen Behörde. Wenn der Nachbar (und die Behörde) einverstanden ist, sollte man sich eine Ecke im Garten so einfrieden. Mauern aus Ziegelsteinen sind nicht preiswert, aber am schönsten. Außerdem sind sie die ideale Kulisse für Spalierobst wie Weinreben, Birnbäume oder Kiwipflanzen. Die Steine speichern tagsüber die Wärme und geben sie abends und nachts langsam ab. Für die Pflanzen werden die Nächte dadurch angenehm warm. Das kann bei Spätfrösten die Rettung für die Blüten sein. Davor ein Stuhl, ein Tisch und ein Kübel mit Engelstrompeten als Abendduftern – perfekt ist die gemütliche Gartenecke.

Pflanzidee: zu Füßen der Königin der Blumen

Ein Sitzplatz im Schutz der Gartenmauer, eingerahmt von einem Rosenbogen, umgeben

Ob hinter der Gartenpforte Dornröschen schläft? Ein Durchgang, der neugierig macht.

von duftenden Rosen, die an der Mauer in die Höhe ranken – wenn das nicht lauschig ist. Optimal dafür eignen sich Ramblerrosen mit ihren langen, weichen Trieben, wie z. B. 'Bobbie James'. Am Boden schäumen Wogen ozeanblauer Blüten der Katzenminze, des Salbeis oder Lavendels. Hier reicht feinkörniger Kies als Bodenbelag. Dieser fügt sich gut in den Rosengarten ein. Besonders schön dazu passen mit Buchs gesäumte Beete und eine weiße viktorianische Gartenbank.

Entspannung im Schutz einer Pergola

Die Pergola stammt, wie es der Name vermuten lässt, aus Italien. Die Römer errichteten steinerne Pfeiler und versahen diese mit hölzernen Dachkonstruktionen, locker aufgelegten Holzbalken. Damals wuchsen darauf ausnahmslos Weinreben. Ihre Früchte baumelten im Herbst auf diese Weise vom Himmel, die Weinblätter spendeten wohltuenden Schatten. Die Pergolen dehnten sie zu Korridoren aus, um entspannt spazieren zu können – ohne Schweißausbruch.
In England scheint die Sonne

bekanntlich nicht so oft, und so sollten Pergolen dort weniger Schatten spenden als dem jungen Garten Höhe und Struktur verleihen. Im 20. Jahrhundert plante der Architekt Sir Edwin Lutyens in England Pergolen, deren Stützpfeiler mit Ziegeln oder Naturstein gebaut wurden und deren Dachkonstruktion aus Eichenbohlen oder Ästen mit Borke bestand. Die Gartenplanerin Gertrude Jekyll bepflanzte die Pergolen daher nur leicht, etwa mit Ramblerrosen oder Clematis.

Der richtige Platz

Pergolen stehen an sonnigen Plätzen richtig. Auf keinen Fall unter Bäumen aufstellen, denn deren Blätterschirm wirft ohnehin wohltuenden Schatten. In kleinen Gärten wirkt eine frei stehende Pergola sehr dominant und muss daher unbedingt auf die Architektur des Hauses abgestimmt werden. An die Südwestseite des Hauses angelehnt, bietet die Pergola einen lauschigen Sitzplatz – mit der Hauswand im Rücken und dem Blick in den Garten. Ein Traum. Ein einfaches Speisezimmer draußen, an der frischen Luft, vielleicht versüßt vom Duft der aprikotfarbenen, lange blühen-

Eine Glyzinie *(Wisteria)* windet sich die Pfosten hinauf. Der Goldregen *(Laburnum)* wird zwischen den Pfosten als Spalier gezogen.

den Kletterrose 'Gloire de Dijon'.
Eine Pergola, die einen Weg überspannt, spendet eine Abgeschiedenheit, wie sie Mönche in ihren Kreuzgängen ge-

Bedenken Sie, dass die Bauteile umso mehr Schatten werfen, je dicker sie sind, und die Kletterpflanzen, je dichter sie wachsen. Im Sommer wünschen wir uns das, im Winter wird es in den Wohnräumen dadurch allerdings dunkler.

Sehr gesunde Clematis-Wildform:
Clematis texensis 'Étoile Rose'.

Konstruktiver Holzschutz: Die Reiter
einer Pergola von unten einschneiden,
und nicht die Träger von oben.

nießen. Eine solche Pergola braucht ein Ziel, etwa eine Gartenbank, eine simple Vase oder ein hübsch bepflanztes Gefäß. Zwischen Garage und Haus ist oft eine Lücke, die sich wunderbar mit einer Pergola schließen lässt.

Die Konstruktion

Das Aufstellen einer Pergola wird durch das Angebot fertiger Bausätze erleichtert. Nach oben und zur Seite hin sind Pergolen offen, haben also kein geschlossenes Dach. Die Pergola sollte mindestens 2 bis 2,70 m breit und 2,30 bis 2,70 m hoch sein.

Die Stützpfosten werden im Abstand von 2 m aufgestellt. Eine offene Pergola hat nur kurze Querbalken, so genannte Reiter, als Andeutung der Konstruktion. Für eine räumliche Struktur reicht dies aus. Wichtig: Bei einer Steckverbindung werden die Reiter von unten eingeschnitten, und nicht die Träger von oben. Dort würde sich das Regenwasser sammeln und das Holz faulen. Für einen besseren Wasserabfluss sollten die Reiter an den Enden diagonal nach unten hin abgeschrägt werden. Sehr wichtig ist eine vor Frost und Nässe schützende Verankerung im Boden. Bodenhülsen, Metallschuhe oder Beton-Punktfundamente eignen sich dazu am besten.
Materialien: Bedenken Sie bei der Auswahl, dass eine Pergola vor allem in kleinen Gärten sehr dominant wirkt und unbedingt zum Haus und zu der restlichen

Hier lässt sich so mancher laue Sommerabend genießen. Die bunten Stühle verbreiten Fröhlichkeit, die Lavendelhecke davor ihren schweren Duft.

 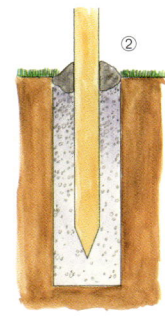 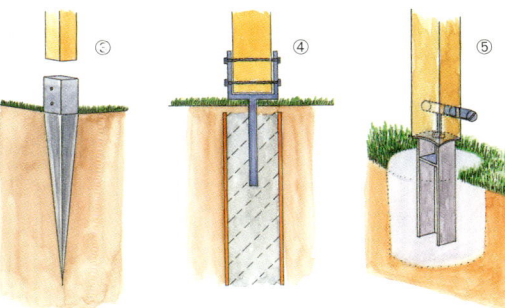

Verankerung der Pergolapfosten:

Mit Bodenkontakt:

① Kesseldruckimprägniertes Holz in die Erde bohren.
Ein 20 cm hohes Kiesbett sorgt für Drainage.

② Kies-Betonbett mit erhöhtem Fuß.
Der Effekt: Das Wasser läuft besser ab.

Ohne Bodenkontakt:

③ Einschlaghülse aus verzinktem Stahl.

④ Pfostenanker mit einbetoniertem Schutz zum Aufschrauben.

⑤ H-Anker mit Schraubbolzen und gewölbter Plattform.
Der Effekt: Die Pfosten können auch nach dem Aufstellen
noch senkrecht ausgerichtet werden.

Architektur passen muss. Eine Eisenkonstruktion fällt weniger auf als farbig gestrichenes Holz. Mit Kunststoff ummanteltes Metall sieht unbewachsen meist unschön aus, ist aber leicht zu montieren.

Das Material sollte sich nach den Kletterpflanzen richten, denn stark wachsende Arten wie der Blauregen oder der Baumwürger brauchen stabile Klettergerüste.

Praktische Hinweise

Glatte Pfosten sind für manche Kletterpflanzen ein großes Hindernis. So kann das Geißblatt nicht an dicken Holzpfosten nach oben klettern. Damit es sich schlingen kann, braucht es Kletterhilfen in kurzen Abständen. Entweder Krampen einschlagen und einen Draht spannen oder den Pfosten mit Maschendraht ummanteln. Generell sind Querverstrebungen und kleine Ösen an glatten Balken ratsam. Nur die Selbstkletterer wie der Wilde Wein, die Kletterhortensie oder der Efeu schaffen es, ohne Kletterhilfen nach oben zu wachsen. Bei anderen Kletterpflanzen helfen Gitter oder Maschendraht zwischen den Pfosten. Die Dicke der Stützen bestimmt, welche Kletterpflanzen sich jeweils eignen.

Mehr dazu im Kapitel »Pflanzen rund um den Sitzplatz« (siehe Seite 77 ff.).

auf einen blick

- Für das Grillen ist ein mobiler, fahrbarer Grill optimal, der je nach Windrichtung verstellt werden kann.
- Bodenbelag von Weg und Sitzplatz sollten harmonieren und stolperfrei begehbar sein.
- Prüfen Sie Vor- und Nachteile der verschiedenen Bodenbeläge genau.
- Sorgen Sie für Sichtschutz. Hecken brauchen einige Jahre, bis sie dicht sind. Kurzfristig helfen berankte Holzspaliere.
- Eine mit Kletterpflanzen begrünte Pergola macht einen Garten erst richtig lauschig.

Lauben und Pavillons zum Träumen

Ob antike Säulen, rustikale Holzbalken oder ganz nach englischem Vorbild – das Angebot an Lauben, Pavillons und Gartenhäusern ist riesig. Stimmen Sie Gartenstil und Architektur des Gartenhauses aufeinander ab – vor allem in kleinen Gärten.

Den Garten ganz entspannt erleben. Frische Luft, süße Blumendüfte und den Geruch frischer Erde einatmen und dabei das Rascheln der Blätter, das Treiben der Vögel hören, Licht und Schatten genießen – unerreichbar für die Familie, für Freunde und geschützt vor Regen, Wind und Sturm. Ein Traum, der sich unter einer Laube oder in einem Pavillon erfüllt.

Bauen Sie sich eine Gartenlaube – beschirmt von den großen Blättern der Pfeifenwinde und umgarnt von duftenden Kletterrosen. Noch komfortabler als eine Laube sind ein Pavillon und ein Gartenhaus. Auch wenn Ihr Garten nicht die Fläche eines Parkgrundstücks hat, gibt es sicher stille Winkel für eine Laube, für ein kleines Teehäuschen oder einen kleinen Pavillon.

◄ Dieser sechseckige Pavillon mit Glasdach lädt ein zum Verweilen, zum stillen Betrachten genau so wie zum Feiern mit Freunden.

Lauben für die Muse

Es braucht nicht viel, um geborgen an der frischen Luft zu sitzen, im hautnahen Kontakt mit Pflanzen und Tieren des Gartens. Ein Dach aus Blättern schützt vor leichtem Nieselregen, eine Hecke oder Mauer im Rücken gibt das Gefühl von Rückendeckung, Kletterpflanzen bewachsen die Seitenwände – fertig ist die Laube.

Von Laubenbänken mit festem Rückenteil bis hin zu komfortablen Gartenlauben mit festem Dach aus Schindeln oder Bitumen reicht das vielfältige Angebot im Handel. Im englischen Stil aus Holz mit Gitterrückwand oder aus Schmiedeeisen mit elegant geschwungenen Streben, in gotischer Kapellenform oder im Stil einer Pagode.

Standort

Eine Laube sollte nicht frei im Garten stehen. Ihr Platz ist dicht vor einer Hecke, vor einer Gartenmauer, unter einem hohen Baum oder am Ende eines verschlungenen Gartenweges. Dort spüren wir die Rückendeckung, die wir zur Erholung brauchen. Achten Sie darauf, dass die Laube nicht direkt von der Terrasse aus eingesehen werden kann. Das erleichtert das Abschalten und Loslassen.

Mit ihren langen, biegsamen Trieben hat die Kletterrose 'Golden Climber' das Dach der Laube schon im zweiten Jahr erreicht.

Eine originelle Idee aus England: Weidenruten dienen als Gerüst für den Laubensessel und das Dach zugleich. Wichtig: Die Ruten müssen frisch geschnitten, senkrecht in den Boden gesteckt werden. Als Sitzkissen dient eine Holzscheibe.

Marke Eigenbau

Eine Laube lässt sich auch einfach selbst bauen. Mit zwei Pfosten, jeweils rechts und links, einem Querbalken oben und einer Gitterrückwand entsteht eine rustikale Holzlaube. Oder schneiden Sie in eine immergrüne Hecke eine zwei Meter breite Kuhle, rechts und links davon pflanzen Sie die gleichen Heckenpflanzen, so dass eine U-förmige Nische entsteht. Stellen Sie einen Rosen-

bogen hinein und lassen daran Kletterpflanzen hochwachsen. Solch lauschige Plätze laden im Sommer wie im Winter zum Verweilen ein.

Denken Sie daran, die Holzpfosten gegen Feuchtigkeit zu behandeln (siehe dazu Seite 52).

Bis eine selbst gebaute Laube von Pflanzen dicht eingewachsen ist und somit richtig heimelig wird, dauert es ein bis zwei Jahre. Wer eine schnellere Lösung möchte, entscheidet sich vielleicht für eine aus geschälten Weiden geflochtene Sitzmuschel. Auch ein Strandkorb erfüllt die Funktion einer Laube. Sogar bei leichtem

Regen sitzt man darin noch trocken; vor starken Regenschauern ist man allerdings nicht geschützt.

Laubenbänke

Um die Jahrhundertwende waren bereits **tragbare Laubenbänke** modern. Darin fanden die feinen Damen Schutz vor zu starker Sonne, während sie ihre Gärtner bei der Arbeit unterwiesen. Manche dieser Konstruktionen sind ganz simpel aus einfachen Holzbrettern und einer Schale aus geflochtenen Weidenruten, die an eine geöffnete Venusmuschel erinnern. Man findet solche Laubenbänke

Um die Jahrhundertwende diente diese tragbare Laube aus geflochtenen Zweigen den englischen Garten-Ladys. Die Sitzbank ist aus wetterbeständigem Teakholz.

jetzt wieder im Angebot von Gartenmöbelherstellern, vor allem in England sind sie sehr begehrt.

Übrigens: Vor 150 Jahren, zur Zeit des Biedermeiers, gab es eine Literaturzeitschrift namens »Gartenlaube« (1852) – ein Indiz für die Beliebtheit dieser Gartenplätze bei Dichtern, Philosophen und Erzählern von Liebesgeschichten.

Rosenlauben

Besonders romantisch wirkt die Laube, wenn Kletterrosen sie umranken. Am besten eignen sich dafür die so genannten Ramblerrosen. Sie haben lange, biegsame Triebe und eine überwältigende Blütenfülle. Die Sorte 'Venusta Pendula' beispielsweise blüht hellrosa-weiß und kann bis zu 6 m hoch klettern.

Steht die Laube im Halbschatten, ist die gelblich-weiß blühende 'Ghislaine de Feligonde' die richtige Sorte. Kletterrosen brauchen zwei Sommer, bis sie das Liebesnest mit einem dichten Vorhang aus ihren zum Teil duftenden Blüten einhüllen. Aber auch die folgenden Pflanzen eignen sich gut für diesen Standort.

Waldreben (Clematis) erklim-

Ein wahrer Rosen-Rausch, den man unter dieser Laube erleben darf. Öfterblühende Kletterrosen wie 'New Dawn' verwöhnen uns den ganzen Sommer mit üppiger Blütenfülle.

men das Dach einer Laube, aber nur die stark wachsenden Sorten bedecken es nach drei bis vier Jahren lückenlos. Sind die Trägerpfosten mindestens 15 cm breit, finden die rankenden Wurzeln der **Kletterhortensie** (Hydrangea anomala ssp. petiolaris) Halt, und schon bald bedeckt sie die Laube völlig mit ihrem Blüten- und Blätterkleid. Ihre Blätter sind groß genug, um den Regen abzuhalten. Stark wachsende Arten wie der **Knöterich** (Fallopia aubertii) oder der **Blauregen** (Wisteria) können dünne Konstruktionen zerstören.

Aus lebenden Grauerlen (Alnus incana) wurde diese Laube geformt. Die Baumkronen sind dicht miteinander verwoben und schützen so vor Regen und Sonne. Gesehen in Wisley, England.

Eine sehr gesunde Alte Rose ist 'Ghislaine de Féligonde'. Sie eignet sich sehr gut für den Halbschatten.

Geißblätter eignen sich vorzüglich für Lauben. Sie blühen wochenlang, wachsen schnell und bedecken Klettergerüste schnell. Außerdem behalten sie bis November ihre Blätter.

Laube für Nachtschwärmer

Sobald die Dämmerung anbricht und die Geräusche des Tages verstummen, beginnen weißblütige Blumen zu strahlen und viele von ihnen auch zu duften. Wer in lauen Sommernächten gern in seiner Gartenlaube verweilt, der sollte nicht nur Geißblätter die Laube hochranken lassen.

Dicht an den Sitzplatz gepflanzt, duften in der Nacht der weiße oder gelbe Ziertabak *(Nicotiana),* die lilafarbenen Nachtviolen *(Hesperis matronalis)* und die gelbblühenden Nachtkerzen *(Oenothera biennis)* aus den Beeten.

Geschmeidig schlingen sich die **Geißblätter** *(Lonicera)* mit ihren langen Trieben um jede Verzierung, schließen auch grobmaschige Gitter, ohne sie zu zerstören. Es gibt zahlreiche Arten, eine davon, bei uns heimisch, wird **Jelängerjelieber** *(Lonicera caprifolium)* genannt.

Alle Geißblätter winden sich, bilden also keine Haftscheiben aus und klammern sich nicht selbst an der Mauer fest. Ihre Technik, sich um schlanke Pfosten zu winden, ist ideal für die Begrünung einer Laube. Damit sich die Geißblätter gut nach oben schlingen können, müssen die Kletterhilfen einen Durchmesser von 0,5 bis 3 cm haben. An dickeren Pfosten hilft eine Manschette aus Maschendraht

oder Drahtösen, die in kurzen Abständen in den Pfosten geschraubt werden.

Die Blüten der Geißblätter sind röhrenförmig und überraschen am Abend mit einem süßen Duft. Sie erfüllen damit die laue Sommerluft und locken nachtaktive Schmetterlinge an, denn nur sie kommen mit ihren langen Rüsseln in die engen Röhrenblüten. Die Bestäubung ist damit gesichert.

In der freien Natur schlingen sich die heimischen Geißblätter an vielen Wegrainen die Bäume hinauf oder bedecken alte Baumstümpfe mit ihren langen Ranken und den weichen, saftigen Blättern.

Duften auch nachts: Engelstrompeten. Wichtig: Viel Wasser und viel Dünger geben.

Im Kübel können Sie eine Engels-
trompete *(Datura* bzw. *Brug-
mansia)* heranrücken. Sie alle
beschenken die Nachtschwär-
mer mit ihrem Duft, nachtaktive
Falter wie uns Menschen.
Mehr Nachtdufter und Kletterpflanzen finden Sie im Kapitel
»Pflanzen« (siehe Seite 85 ff.
bzw. 81 ff.).

Pflanz- und Gestaltungsvorschlag für eine Liebeslaube

① Hornveilchen *(Viola cornuta)*
② Wollziest *(Stachys lanata)*
③ Geißblatt *(Lonicera periclymenum* 'Belgica')
④ Rose 'New Dawn', altrosafarben, 3 m hoch
⑤ Rose 'Bonica '82', 70–100 cm, kräftig-rosa, Beetrose mit
   überhängendem Wuchs
⑥ Edelraute *(Artemisia* 'Powis Castle'), 50 cm, silbrig gefiedertes Laub
⑦ Pfingstnelke *(Dianthus gratianopolitanus* 'Lavender Clove'), 45 cm,
   Blüte V–X, lavendelfarben, altmodische Sorte mit würzigem Duft.

Gartenhäuschen oder Pavillon?

Komfortabler als die nach allen Seiten offene Laube sind Pavillon und Gartenhaus. Ihr festes Dach schützt vor starkem Regen und kühler Luft.

Früher waren Gartengebäude nicht nur ein Zeichen für Wohlstand, sie waren Zeugnis für großen Reichtum. In allen bedeutenden Gärten Italiens standen an erhabenen Punkten Pavillons. Von dort aus genoss man die schöne Aussicht über das eigene Land.

In England brachten die Mitglieder der feinen Gesellschaft von ihren Reisen durch fremde Länder Säulenbauten, Pavillons und Gartenhäuser mit. Vor allem im letzten Jahrhundert war es üblich, die Söhne (nicht

Ein Sommersitz am Wasser, der dank des schmucken Häuschens bei Regen genauso gemütlich ist wie bei Sonnenschein.

Pflanzen Sie auf der warmen Südseite des Schuppens Spalierobst wie Birnen oder Mirabellen, und ziehen Sie so einen lebenden Wandschirm hoch. Auch Sträucher wie der wintergrüne, schorfresistente Feuerdorn *(Pyracantha coccinea* 'Orange Glow') lassen sich zu einem grünen Vorhang in Form schneiden.

die Töchter) mit einem ganzen Hofstaat auf Reisen zu schicken, bevor sie zu Hause politische Ämter übernehmen mussten.

Kunstvoll gestaltete Modelle aus hochwertigen Materialien, erstklassig verarbeitet, begeistern das Auge und steigern die Attraktivität der Gärten, strapazieren aber auch den Geldbeutel stark.

Wer das Geld für ein schönes Gartenhaus nicht ausgeben will, wird mit einer attraktiven Bank oder einer kleinen Laube ebenfalls eine gute Wirkung erzielen. Preisgünstige Gartenhäuser erinnern häufig an Geräteschuppen aus einfachem Holz. Dieser Haustyp ist sehr praktisch, schützt auch vor Regen, doch sollte er keinesfalls als Blickpunkt im Garten dienen. Er ist meist kein dekorativer Anblick.

Eine Frage des Stils

Gartengebäude aller Art wirken dominant und sind meist nicht zu übersehen. Ihr Baustil sollte daher sowohl zum Garten als auch zur Architektur des Hauses passen. Ein Gartenhäuschen im Schwarzwaldstil wirkt in einem norddeutschen Bauerngarten und neben einem Friesenhaus fremd. Auch Motive vergangener Epochen, wie römische Säulen, oder aus fremden Ländern, etwa japanische Pagoden, sollten behutsam ausgewählt und platziert werden. Sie wirken wie Skulpturen ganzjährig im Garten. Die Größe des Gartenhauses sollte am besten mit den Proportionen des Gartens und des Wohnhauses harmonieren. Ein häufig gemachter Fehler: Das Gartenhaus ist zu klein. Das sieht nicht nur traurig aus, es ist außerdem wenig angenehm, mit der Familie oder Freunden auf zu engem Raum den Sonntag zu verbringen. Achten Sie auch auf möglichst große Fenster, die viel Licht in den Innenraum lassen.

Komfort hat seinen Preis

Die Bauweise der Gartenhäuschen ist vielfältig. Es gibt ein paar Kriterien, auf die man beim Bau oder Kauf achten sollte:

- **Breite Flügeltüren** kann man weit öffnen, und sie lassen ein Gartenhaus luftig wirken. Außerdem kann ein großer Tisch besser ein- und ausgeräumt werden.
- Praktisch sind **Fenster,** die nach außen **ausstellbar** sind.
- Achten Sie auf eine **verschließbare Dauerlüftung** und ein Sicherheitsschloss an der Türe.
- Soll das Gartenhaus auch im Winter genutzt werden, sind isolierte bzw. **wärmegedämmte Wandelemente** zu empfehlen.
- Als **Dachmaterial** haben sich Bitumen-Dachschindeln bewährt. Es gibt sie in verschiedenen Farben. Exklusiv wirkt ein Kupferdach aus massiven Schindeln.
- Achten Sie auf **konstruktiven Holzschutz** wie gerundete Kanten, Abdeckprofile für Pfosten in Form von Kappen oder Kugeln. Das Regenwasser muss schnell ablaufen können. Das Dach sollte eine Dachrinne mit Speier oder Fallrohr haben. Nur rostgeschützte Klammern, Nägel und Schrauben verwenden!
- **Wetterfahnen** zeigen an, woher der Wind weht, und schmücken das Gebäude. Klassisch ist der Wetterhahn aus Kupfer.

Gartenhaus oder Geräteschuppen? Hier verwischen Kletterpflanzen die Grenze zwischen Architektur und Garten. Die Hausfarben Grün und Weiß verstärken die Harmonie.

Materialfrage

- **Aluminium:** leicht, stabil, braucht keine Pflege. Für Profile, Träger, Leisten und Pfetten. Alle RAL-Farben sind möglich. Ideal für einen Glaspavillon.
- **Fichtenholz:** gut zu verarbeiten, mittelschwer und mittelhart, wenig Maserung, Imprägnierung nötig.

Mut zu fröhlichen Spielereien: Dieser Wetterhahn schmückt den Giebel und nutzt dem Gärtner zugleich.

- **Kiefernholz:** schwerer und härter als Fichtenholz, mit ausgeprägter Maserung, Imprägnierung nötig.
- **Eichenholz:** hart und mäßig schwer. Aufgrund natürlicher Inhaltsstoffe (u. a. Gerbsäuren) ist eine Imprägnierung nicht erforderlich.
- **Rotzedernholz** (Red Cedar): lange haltbar, braucht keinen chemischen Schutz, da es durch natürliche Inhaltsstoffe geschützt ist. Das Holz

stammt vom Riesen-Lebensbaum *(Thuja plicata),* auch Kanadische Rotzeder genannt, der in den Wäldern am Pazifik in Alaska, Kanada und den USA beheimatet ist.
- **Robinienholz** (Scheinakazie): heimisches, sehr robustes und hartes Holz.
- **Lärchenholz:** heimisches Holz, das allerdings zwei Jahre lang nachharzt, aber sehr wetterfest ist.
- **Mooreichenholz:** extrem haltbar; ideal für Stege am Teich oder Holzdecks.

Holzschutz – hochwertige Verarbeitung

Um Holz im Freien, das grundiert oder farblich behandelt werden soll, dauerhaft gegen Pilz- und Insektenbefall zu schützen, muss das Holz druckimprägniert werden. Es gibt zwei Verfahren: Kesseldruck- und Doppel-Vakuum-Imprägnierung. Auf jeden Fall sollte die Imprägnierung chromfrei sein. Fragen Sie beim Kauf eines Gartengebäudes aus Holz danach, wie der Anstrich bzw. die Lasuren aufgebracht wurden. Hochwertige Qualitäten ergeben sich durch so genannte Zwischenschliffe. Dabei werden zwischen den einzelnen Lasuren

Unebenheiten, Splitter und Fasern eben geschliffen. Nachdem das Holz grundiert oder eine Farblasur aufgebracht wurde, erfolgt ein Zwischenschliff, danach die zweite Farblasur. Richtig angetrocknet, werden die Teile tauch- oder spritzgrundiert. Danach wird wieder zwischengeschliffen und nochmals lasiert oder eine Dickschichtlasur aufgespritzt.

Alle Materialien, die regelmäßig Wind und Wetter ausgesetzt sind, müssen gepflegt werden.

Wohin mit dem Pavillon oder Gartenhaus?

So weit weg vom Haupthaus wie möglich, damit Sie dort auch noch am Abend Musik hören oder mit Freunden plaudern können, während die Familie schon schläft. Der Standort im Garten ist abhängig von der Rolle, die Sie dem Gebäude zu ordnen. Soll es als Blickpunkt dienen, könnte es im Zentrum des Gartens, an einem Wegekreuz oder auffällig auf einem Sockel oder einem Hügel mit einem breiten Treppenaufgang stehen. Soll es Ruhe und Abgeschiedenheit sichern, wird es versteckt hinter dem Haus, unter einer Baumgruppe oder zwischen hohen Hecken aufgestellt.
Wer einen Gartenteich oder einen Bachlauf auf seinem Grundstück hat, sollte das Gartenhaus in die Nähe des Wassers positionieren. Von dort aus lässt sich auch bei schlechtem Wetter das Treiben am Teich beobachten, das beruhigende Plätschern des Wassers hören und genießen. (Siehe auch Seite 55 f.). Beobachten Sie die Abendsonne, wo sie noch im Winter ihre Strahlen hinschickt – denn vor allem in der eher grauen Jahreszeit wird das Verweilen im Gartenhaus oder im Pavillon zum Genuss, wenn die Wintersonne hereinscheint.
Zur Mittagszeit braucht das Häuschen nicht unbedingt die volle Sonne. Ganz im Gegenteil. Während auf der Südterrasse die Sonne brennt, genießen Sie die warmen Sommertage im angenehm lichten Schatten ihres Hexenhäuschens.
Sorgen Sie dafür, dass Sie von dieser Stelle aus **nicht** zum Hauseingang, zum Sandkasten

Wer Schwierigkeiten hat, sich das Gartenhaus im Garten vorzustellen, sollte sich vom Hersteller einen dreidimensionalen Plan erstellen lassen. Das ist im Zeitalter der Computergrafik (CAD) kein großer Aufwand. Von der Firma Werth-Holz gibt es eine CD-ROM mit Gartenhaus-Planer für den Computer zu Hause (siehe Bezugsquellen Seite 92).

Ein Traum am Teich: gemütliche Korbstühle drinnen, Sprossenfenster und breite Flügeltüren rahmen den Blick nach draußen ein.

Der Glaspavillon

Während das Gartenhäuschen immer eckig ist und vom Umriss her an ein kleines Haus erinnert, vielleicht sogar mehrere Zimmer hat, erscheint der Pavillon »rund«. Die 8-Eck-Form ist klassisch für ihn, angeboten werden aber auch 6-Eck-Varianten für kleine, lauschige Winkel oder 10-Eck-Formen für große Gärten. Ein Teehaus ist ein verglaster Gartenpavillon mit Sprossenfenstern.

Ein Glaspavillon bietet nicht nur rundherum einen Ausblick in den Garten, in ihm fühlen sich auch exotische Pflanzen wie Orchideen sehr wohl. Achten Sie auf schmale Aluminiumprofile und auf eine gute Lüftung, damit die Glasscheiben an kalten Tagen nicht zu schnell beschlagen.

Ein Pavillon ist nicht immer geschlossen. Es gibt auch wunderschöne, elegante Eisenpavillons, die erst lauschig werden, wenn Kletterrosen und Waldreben (Clematis) an ihnen hochklettern. Im Unterschied zur Laube aber bieten Pavillons immer ein festes Dach über dem Kopf – wobei der Übergang von der Laube zum Pavillon und weiter zum Gartenhäuschen fließend ist.

Lichtdurchflutet ist dieser Glaspavillon, auch mitten im Winter. Das tut nicht nur uns Menschen gut. Auch Kübelpflanzen überwintern hier bestens.

oder zur Spielecke Ihrer Kinder sehen können. Sonst können Sie doch nicht zur Ruhe kommen und die Pause im Garten genießen.

Hinweise zum Aufbau

Meist ist der Boden in der Gartenecke noch nicht eben genug. Er sollte mit Erde aufgeschüttet und eingeebnet werden. Ist der Untergrund sehr feucht, empfiehlt es sich, die Fläche etwa 30 cm tief auszukoffern (siehe Seite 30), mit Sand aufzufüllen, mit einer geraden Latte abzuziehen und möglichst mit einem Rüttler zu verdichten.

Damit der Pavillon oder das Gartenhaus sicher steht, sollte man ein frostfestes Fundament gießen.

Für leichte Gartenlauben reicht es auch, mit Gehwegplatten aus Beton ein Fundament zu legen. Näheres zu verschiedenen Bodenbelägen finden Sie auf Seite 30 ff.

Je dichter das Gartenhaus am Wasser steht, desto leichter lässt sich das Treiben darin bequem beobachten.

Gartenhäuschen am Wasser

An heißen Sommertagen direkt am Wasser zu sitzen ist die besondere Art, den Tag im Garten zu genießen. Je dichter das Häuschen am Wasser steht, umso intensiver ist das kühle Nass zu spüren. Ein kleiner Bachlauf oder ein Springbrunnen sorgt für eine kühle Brise. Ein Sonnendeck aus Holz eignet sich am besten für die Terrasse vor dem Gartenhaus. So entsteht quasi zusätzlich ein Sitzplatz am Wasser.

Ein Holzsteg verführt dazu, die Beine im Wasser baumeln zu lassen und sich frei wie ein Kind zu fühlen.

Holzdecks werden von der Sonne schnell erwärmt, und wenn Wasser darauf gespritzt ist, trocknet es schnell wieder. Je nach Bauart erscheint es so, als ob das Deck förmlich über dem Ufer schwebe. Holzfliesen können Sie einfach auf Balken legen und verschrauben. Es gibt

Dieser Steg führt über das Ufer hinweg in den Teich. Die Lampe sorgt vor, dass keiner bei Dunkelheit ins Wasser fällt.

Konstruktion eines Holzdecks
Eine Folie schützt den Holzbalken,
ein Vlies die Folie vor Rissen.

schöne Muster, zum Beispiel die 50 cm × 50 cm großen, geriffelt-gehobelten Sonnenfliesen von Werth-Holz.

Ein Sonnendeck

Die Konstruktion eines Sonnendecks ist einfach: Es ruht auf Lagerbalken, die auf einem 30 cm tiefen Streifenfundament oder auf Mauersteinen liegen.

Geriffelte Planken sind auch bei Nässe noch trittsicher. Wer keinen Teich oder Bachlauf hat, stellt sich einfach eine Schale mit Wasser, einen Quellstein oder eine Wasserflöte vor das Gartenhaus. Das reicht, um die wohltuende Wirkung des Elements Wasser zu erfahren.

Wichtig ist, dass die Teichfolie über die Lagerbalken gezogen wird, um jeglichen Wasserkontakt des Holzes zu vermeiden. Die schwarze Folie kann man mit einer Leiste verdecken (siehe Grafik links).

Soll das Deck über dem Wasser schweben, sind Trägerpfeiler im Teich nötig, in die Pfostenträger zementiert werden. Wichtig ist, dass eine Folie oder eine andere Trennschicht den Holzpfeiler vor dem Wasser schützt. Verwenden Sie verstellbare Pfostenträger. Sie lassen sich auch dann noch millimetergenau justieren, wenn die Pfosten oder Lagerbalken bereits montiert sind. Das ist sehr praktisch beim Bau von Holzdecks. Wer Mooreiche oder Lärchenholz verwendet, braucht den Folienschutz nicht unbedingt auszuführen. Die beiden Hölzer halten im Wasser viele Jahre. Allerdings ist die Zone, in der abwechselnd Wasser und Luft an das Holz kommt, trotzdem sehr gefährdet für Fäulnispilze. Mit Natursteinen lässt sich ein Pfad aus Trittsteinen quer durch einen Teich legen. Es sieht später so aus, als ob man quasi »übers« Wasser schreite. Am einfachsten geht das mit Betonringen, die genau so hoch sind, wie später der Teich tief ist.

Die Betonringe werden auf die Teichfolie gestellt, mit Beton gefüllt und die Trittsteine oben drauf fest zementiert. Wichtig ist, dass die Teichfolie von unten her mit Vlies geschützt wird. Nach diesem Prinzip können Sie auch Pfeiler für einen Badesteg mauern. Sowohl Trittsteine als auch Lagerbalken für den Steg sollten trocken bleiben, also leicht oberhalb des Wasserspiegels enden.

Die kleine Alternative für einen Teich: eine Vogeltränke.

Kuschelige Plätze für Kinder

Indianerzelt

Aus Bohnenstangen lässt sich relativ einfach und vor allem mit Hilfe der Kinder eine Kinderlaube im Stile eines Indianerzeltes bauen.

Weidenruten eignen sich hervorragend zum Bau eines Tipis (Indianerzelt). Die Weiden können Sie selbst schneiden oder aber bestellen. Wichtig ist, dass dort, wo die Weiden gesteckt werden sollen, der Boden 30 cm tief gelockert und mit Humus verbessert wird. Die Weiden werden zuerst aufrecht gesteckt, oben zusammengebunden und in einem zweiten Arbeitsgang weitere Ruten diagonal geflochten.

Für die Eiligen

Wenn es ganz schnell gehen soll, lässt sich auch mit Tüchern und Schals eine schöne Hexenhöhle zaubern. Für kleine Kinder kann man mit

Zierkürbisse klettern auch sehr gut an Spalieren, Gitterzäunen oder Bohnenstangen hoch. Ihre großen Blätter spenden schönen Schatten!

Einfach und preiswert: ein Indianerzelt aus Bohnenstangen, an denen Kletter- oder Feuerbohnen hochranken. Achtung: Die rohen Bohnen sind giftig!

Für Kinder ein echtes Vergnügen: In einem Weidentunnel zu spielen, den sie vorher zusammen mit den Eltern selbst gesteckt haben.

In diesem Haus hoch oben in der Baumkrone fühlen sich die Kinder wohl.

staunen, wie begeistert die kleinen Menschen sich um die Pflanzen kümmern, sie hegen und pflegen – und natürlich mit Vorliebe ernten. Monatserdbeeren tragen nicht nur wochenlang, sondern eigentlich den ganzen Sommer. Sie sind auch sehr pflegeleicht und absolut kindgerecht. Mit Himbeerruten kann man einen Korridor oder ein Rondell pflanzen, rechts und links mit Pfosten stützen und Drähte spannen. Die Früchte hängen dann in Pflückhöhe für die Kinder, und die großen Himbeerblätter

Reisig und Ruten einen Tunnel bauen und diesen im April mit kletternder Kapuzinerkresse besäen. Das wird schon im Juni schön dicht, die Blüten sind im Gegensatz zu den Blüten der Feuerbohnen nicht giftig, sondern sehr gesund.

Naschecke für Groß und Klein

Kinder naschen gerne. Wie schön, wenn es erlaubt ist! Reservieren Sie für Ihre Kinder oder die Kinder Ihrer Freunde eine Ecke im Garten. Sie werden

Stellen Sie sich zur Erntezeit einen gemütlichen Sessel in die Nähe der Beerensträucher. Himbeeren bereiten himmlische Genüsse.

Erdbeeren naschen im Garten – seit Generationen ein Vergnügen für Jung und Alt, das den Sommer vollendet.

spenden wohltuenden Schatten. Im Herbst müssen die Ruten, die in diesem Sommer getragen haben, direkt über dem Boden abgeschnitten werden. Die jungen, einjährigen Ruten bleiben stehen. Das können die Kinder wahrscheinlich nicht alleine durchführen, doch helfen können sie dabei allemal.
Ein Apfelbaum sollte in keinem Garten fehlen. Klein bleibende Kirschbäume (auf spezielle Unterlagen veredelte Sorten) eignen sich auch für kleine Gär-

ten und tragen süße Früchte. Sie alle sind Schattenspender für den Sandplatz oder die Spielecke der Jüngsten.
Was die Kinder einfach immer wieder ins Staunen versetzt, sind Kürbisse. Im Laufe des Sommers schwellen ihre Fruchtkörper an, werden gelb und rufen ein »Ah« und »Oh« bei den kleinen Betrachtern hervor. Noch größer ist die Freude dann im Herbst, wenn die Kürbisse ausgehöhlt und mit einer Kerze ausgestattet zu leuchtenden Naturgeistern werden.

auf einen blick

- Die Architektur des Gartengebäudes sollte auf den Gartenstil abstimmt sein.
- Planen Sie Lauben und Pavillons an versteckten Stellen im Garten ein, etwa hinter einer Hecke.
- Achten Sie auf Blickachsen zu den Nachbarhäusern oder zum Eingang. Für Musestunden sollte man ungestört sein.
- Sorgen Sie für Intimität, z. B. mit schnell wachsenden Kletterpflanzen.

Ganz nach Ihrem Geschmack

Erst die Sitzmöbel, der Sonnen- und Windschutz sowie Spielereien rund herum machen einen Sitzplatz richtig gemütlich. Hier die schönsten Ideen zur Auswahl.

Wie Ihr Traumplatz aussehen wird, das bestimmen Sie. Den Stil der Gartenmöbel, die Farbe und das Material, die Sitzpolster, den Fußbodenbelag genauso wie den Sonnenschirm. Wer gerne am Abend draußen sitzt, wird sich einige Windlichter oder gar Gartenfackeln rund um den Sitzplatz verteilen. Nostalgische Gartenlaternen wirken romantisch, Spots entlang der Gartenwege machen das Lustwandeln in der Nacht sicher.

auch abgestimmt auf den Stil des Gartens.

Das Angebot an Design und Materialvielfalt in Sachen Gartenmöbel steigt von Jahr zu Jahr. Neben klassischem Teakholz stehen Gartenmöbel aus Eisen, Papiergeflecht, heimischen Hölzern oder wetterfesten Hularofasern zur Wahl. Die Preise reichen von 15 DM für einen einfachen Klappstuhl bis zu mehreren Hunderten für einen exklusiven Deckchair mit Fuß-

stütze. Doch der Preis sollte nicht kaufentscheidend sein. Günstige Stühle sind häufig aus hartem Kunststoff und brechen daher sehr leicht. Billige Holzmöbel sind häufig nicht wetterbeständig und müssen, damit sie überhaupt ein paar Jahre halten, vor jedem Regentropfen geschützt werden – alles andere als erholsam.

Kriterien für die Auswahl

Auswahlkriterium Nr. 1 sollte die **Wetterbeständigkeit** sein. Wie wetterfest ist das Material? Teakholz ist aufgrund des hohen Gehalts an ätherischen

Gartenmöbel – die Vielfalt ist groß

Der eine sucht ein komfortables, auffälliges Möbel, der andere liebt den Komfort mit zurückhaltender Eleganz. Der eine möchte sich ein Stück England auf die Terrasse holen, der andere liebt es rustikal und ländlich. Jeder sollte ganz nach seinem Geschmack wählen, jedoch

Das dunkle Blau des Holztisches wirkt zusammen mit dem Pink der Blüten sehr romantisch.

◀ Naturfarbene Holzmöbel harmonieren sehr gut mit Pflanzen. Die kreisförmige Sitzfläche fördert die Kommunikation.

Ölen und der Kautschukbestandteile sehr widerstandsfähig gegen Regen. Teakmöbel können den ganzen Sommer draußen stehen. Um sie täglich rein- und rauszuräumen, wären sie auch viel zu schwer. Rustikale Holzbänke, die mehr als Blickfang denn als Sitzgelegenheit dienen, sind für kurze Pausen komfortabel genug. Genauso wichtig ist aber, dass Sie Möbel haben, auf denen Sie **bequem** sitzen und liegen können. Wählen Sie dafür Möbel mit **Sitzpolster** aus, die farblich zum Garten und zu Ihrem Haus passen. Und, nicht zu vergessen: der für die Gartenmöbel benötigte **Stauraum** im Winter.

Müssen die Möbel weggeräumt werden, dann ist es wichtig, dass man sie schmal zusammenklappen oder aber Platz sparend stapeln kann. Die optische Wirkung spielt durchaus eine große Rolle bei Möbeln, die recht lange draußen vor der Türe stehen und damit einen Blickfang darstellen.

Wetteifer um die Farbe

Man sollte Holzmöbel weiß, grau, grün oder blau streichen, aber nicht pink, lila oder gelb, es sei denn, die Möbel stehen in einem expliziten Farbgarten, also mitten in einem gelben

Beet oder einer blauen Rabatte. Dann kann farbiges Möbel witzig wirken und den Farbcharakter einer Gartenecke verstärken. Bedenken Sie: Weiße Möbel leuchten in der Nacht, ebenso auch weiße Blumen. Blau und Dunkelgrün sieht man dann schon fast nicht mehr. Auf Blumenmuster und andere Dekors auf Kissen und Bezügen sollte man eher verzichten. Am besten wirken einfarbige oder dezent gemusterte, mit Karos oder Streifen bedruckte Stoffe. Blumen stehen im Beet und sehen dort am besten aus. Die Sitzpolster sollten möglichst aus einem Material sein, das auch mal einen Regenschauer vertragen kann. Zum Waschen abnehmbare Stoffe sind äußerst praktisch.

Verschiedene Gartenmöbel

Adressen der Firmen finden Sie im Bezugsquellenverzeichnis Seite 92.

An Ort und Stelle schnell aufgebaut

- Klappbare **Holzliegestühle** mit Baumwollbezug werden von Ikea und anderen Möbelhäusern schon ab 15 DM angeboten. Neuerdings gibt es

Rot wirkt aggressiv und laut. Es eignet sich nicht für alle Möbel, eher als Blickfang. Diese Bank wurde aus einem alten Bettgestell selbst gebaut.

Vor der heißen Sonne schützt ein breiter Sonnenschirm mit naturfarbenem Leinentuch. Dieser ist einem schweren Eisenständer fixiert.

Sie bequem Ihre Beine aufstellen und ein Buch auf die Knie legen.

- Die **fahrbare Holzbank** von Gertrude Jekyll, der berühmten Gärtnerin aus England, gibt es wieder zu kaufen. Anja Maubach (Staudengärtnerei Arends in Wuppertal) lässt diese robuste Holzbank von einem Schreiner herstellen. Ein Gartensessel, der wie eine Schubkarre gerollt werden kann, ist nach dem gleichen Prinzip konstruiert worden. Beide können nach Lust und Laune bewegt und dort aufgestellt werden, wo sie gewünscht sind. Und beide stammen aus England.

billige Faltliegestühle auch mit Fußstütze und Sonnenschutz – viel Komfort für wenig Geld. Schick sind Modelle mit zweifarbigem Baumwollbezug.

- Der gute alte **Schaukelstuhl** hilft uns beim Entspannen. Sanftes Schaukeln wie in der Kinderwiege, hin und her, löst in uns wohliges Behagen aus. Aus Teak gefertigt, kann der Stuhl auch an lauschigen Plätzchen mitten im Garten stehen. Achten Sie darauf, dass massives Messing oder rostfreier Edelstahl für die funktionellen Details verwendet wurden.

- **Roll-Liegen** zum flexiblen Einsatz – je nach Sonnenstand. Das ist erschwinglicher Luxus und sollte in keinem Garten fehlen. Entweder aus hochwertigem Teakholz oder aus Vollkunststoff, je nach Geschmack. Fahren Sie mit der Liege im Gartenmarkt Probe. Die Rollen sollten leichtlaufend und groß genug sein, um sie auch ohne viel Kraft auf dem Rasen bewegen zu können. Achten Sie darauf, dass nicht nur die Rückenlehne mehrfach verstellbar ist, sondern auch die Liegefläche auf Höhe der Knie. Dann können

Die eleganten Metall-Liegen lassen sich leicht auf Rollen bewegen.

Aus Naturmaterialien geflochtene Möbel sind leicht und bequem, allerdings nicht regenfest.

- Möbel aus **Rattan** sind leicht, und man kann einen Sessel mühelos umstellen. Das geflochtene, natürliche Material sieht gemütlich aus, muss aber vor Nässe geschützt werden und steht im Wintergarten oder unter einer überdachten Pergola besser als im Freien.

Für feste Plätze

- **Eisenmöbel** aus handgeschmiedetem Eisen, glasiert und kunstvoll bemalt. Inzwischen werden auch Tische mit Eisengestell und Tischplatten aus Terrakotta, Teakholzplatte, Naturstein Peperino oder Mosaiksteinen angeboten. Achten Sie auf frostsichere Verarbeitung. Die Kombina-

tion aus Schmiedeeisen und Edelstahl hat sich ebenfalls bewährt. Fragen Sie nach der Behandlung des Schmiedeeisens. Es sollte eine galvanische Verzinkung, eine Polyesterlackierung oder eine Kataphorese-Behandlung durchgeführt worden sein. Die Wartung: Bei Verfärbung oder für kleine Nachbesserungen kann das Möbel mit einem speziellen Lack für Metalle behandelt werden. Möbel aus Edelstahl müssen nicht gewartet werden.

- **Im viktorianischen Stil aus Gusseisen:** Tisch, Bänke und

Blickfang und romantisches Versteck zugleich. Die Rückenlehne der Bank ist kunstvoll geschmiedet.

Stühle waren zur Zeit Königin Viktorias in England sehr populär. Mit den aufwendigen Dekors wirken sie majestätisch. Allerdings sitzt man auf Eisen nicht bequem und außerdem kalt. Mit ein paar Kissen wird es komfortabler. Reproduktionen gusseiserner Möbel werden heute oft aus einer Metalllegierung hergestellt, die sie leichter und rostbeständiger macht.

- **Gartenbänke aus Eisen** mit ornamentaler Schmiedekunst stehen am besten auf festem Bodenbelag, da die schmalen Füße im Rasen einsinken würden.

- **Klassische Teakholzmöbel:** Tisch und Stühle sowie Gartenbank aus Teak wirken repräsentativ und sehr natürlich. Der Teakbaum wuchs ursprünglich im Hochland von Thailand, in Burma (Myanmar), Indien, teilweise auch in Laos und Vietnam. Heute wird er in fast allen tropischen Ländern auf Plantagen angebaut. Man sollte darauf achten, dass das Teakholz als Plantagen-Teak deklariert ist. Fragen Sie den Händler nach der strikten Beachtung von ökologischen Anforderungen bei Anbau und Einschlag von Teak.

▲ Schlichte Eleganz für die Gartenecke.

◄ Repräsentativ und edel: Schlichte Teakholzmöbel, exakt in Form geschnittene Buchspflanzen und ein kräftig roter Rhododendron im Hintergrund.

Hochwertige Teakmöbel haben keine Verkämmungen an den Verbindungspunkten, sondern sind nur in einem Stück angefertigt. Nicht nur die Verarbeitung, sondern auch die fachgerechte Trocknung bestimmt die Haltbarkeit. Achten Sie auf die funktionellen Details (Scharniere, Beschläge, Schrauben). Auch diese sollten aus hochwertigen Materialien wie Messingguss oder Edelstahl gefertigt und am besten verdeckt sein.
Teakholz wird naturbelassen verarbeitet, ist knotenlos, zart und geschmeidig und anfangs angenehm honigfarben. Mit den Jahren wechselt die Farbe in ein Silbergrau.

- **Pflege von Teakholzmöbeln**
  Bänke, Stühle und Tische aus Teakholz können bei Wind und Wetter draußen bleiben. Damit es nicht zu schnell grau wird – was Teakholz-Fans jedoch als natürliche Patina schätzen –, muss es mindestens einmal, besser zweimal im Jahr eingeölt werden. Die meisten Schutzöle für Teakholz haben einen strengen Geruch. Am besten macht man diese Arbeit unterm Carport oder in der Garage. Bis das eingeölte Holz trocken ist, dauert es ein paar Tage. In dieser Zeit darf es nicht nass werden. Nach längerer Behandlung sollte man generell

die Farbe mit Teaköl auffrischen.
- **Alternativen zu Teakholzmöbeln** sind wetterfeste Möbel aus **Robinienholz** oder Tropenhölzer wie **Mahagoni** (auch hier unbedingt auf Plantagenanbau achten).
  Eine weitere Alternative: Gartenmöbel aus Kanadischem

Die Engländer bürsten ihre Teakholzmöbel einmal im Jahr mit heißem Wasser kräftig ab. Nachdem das Holz vollkommen trocken ist, ölen Sie es mit speziellem Teakholzöl gründlich ein.

In einem Strandkorb ist es gemütlich – egal ob draußen die Winde wehen oder die Sonne brennt.

Dieser Swing-Sessel aus Teakholz wurde auf der Chelsea-Show in London präsentiert.

Zedernholz (**Red Cedar**/*Thuja plicata*). Das Holz ist harzfrei und ohne Holzschutz jahrzehntelang wetterfest.

- **Tisch und Stühle aus Kunststoff** sind pflegeleicht, haben ein geringes Gewicht und halten viele Jahre. Möbel aus hochwertigen Kunststoffen können auch bei Regen draußen stehen bleiben. Tische gibt es in allen Formen, die man sich wünscht: rund, acht-, sechs- oder vieleckig und oval.
Eine zeitaufwendige Wartung entfällt. Man sollte lediglich die Sitzschalen einmal im Jahr abnehmen und in der Badewanne gründlich reinigen.

- Preiswert und ebenfalls sehr robust sind Gartenmöbel aus lackiertem **Aluminium.** Prüfen Sie die Schrauben und andere Verbindungen. Sie sollten lackiert und vor Rost geschützt sein. Tipp: Sie können dies mit einem Lackstift (Baumarkt: Autolacke) nachholen.

- Das Träumen in der **Hollywoodschaukel** ist und bleibt ein Genuss, für Jung und Alt. Es gibt sie mit einem Trägergestell aus Holz oder Metall.

- Der **Strandkorb** – ein Hauch von Nordsee für Ihren Garten. Wer sich schon einmal in einem Strandkorb vergraben

und so vor dem rauen Seewind geschützt hat, der weiß die Vorzüge des für die dortigen Strände so typischen Mobiliars zu schätzen: Windschutz und die Speicherung von Wärme. Sehr früh im Jahr beginnt so die Gartensaison, und sehr spät mit der allerletzten Herbstsonne geht sie im Strandkorb zu Ende.

Es gibt sie mittlerweile auch in preiswerten Ausführungen, z. B. ohne die Möglichkeit, den Korb ganz öffnen und wie eine Sonnenliege benutzen zu können. Der Verzicht auf diesen Komfort erspart einige Hundert Mark. Man findet mittlerweile auch Modelle aus Kunststoff. Das ist sicher wetterfester und pflegeleichter, doch auch nicht so stilecht wie die klassischen, aus Peddigrohr (dem Markrohr der Rotangpalme) geflochtenen Körbe.

Die Lebensdauer wird mit 20 bis 30 Jahren angegeben. Schützen Sie den Korb vor Regen. Vor allem im Winter, wenn keine Möglichkeit besteht, den Strandkorb unterzustellen, ist das Abdecken sehr wichtig. Am besten verwenden Sie dazu eine Abdeckhaube aus einem Polyethylen-Gewebe. Folie reißt leichter und bricht während längerer

Frostperioden. Damit der Stoffbezug im Inneren des Korbes nicht schimmelt, sollten Sie die Abdeckung immer wieder lüften. Hierfür sind Hauben mit Reißverschlüssen sehr praktisch.

- Eine **Sitzmuschel aus Weidengeflecht** ist einfach, aber kuschelig. Dazu wird mit frisch geschnittenen, 2,50 m langen Weiden ein Kreis von mindestens 60 cm Durchmesser in den Boden gesteckt. Die Erde sollte entlang dem Kreis gut gelockert und angefeuchtet sein. Dann werden 60 cm hoch weitere Weiden waagerecht eingeflochten. Dieser Kreis wird mit Sägespänen aufgefüllt, oben kann man als Sitzfläche eine Holzscheibe reinlegen. Die hintere Hälfte der senkrecht stehenden Weiden wird wie zu einer Rückenlehne nach oben hin schräg geflochten. Der vordere Teil der senkrechten Ruten wird auf Höhe der Sitzfläche abgeschnitten. Bereits im ersten Jahr treiben die senkrechten Triebe wieder aus, und es entsteht eine lauschige Sitzmuschel (siehe Bild Seite 46).
- Eher ein Blickfang denn ein komfortabler Sitzplatz: die **Rundbank aus Beton**. Vor einem Staudenbeet oder zur Abrundung einer Ecke im Garten eignen sich diese dauerhaften Steinbänke ideal. Am besten führt man einen Weg mit Natursteinplatten (Stepstones) zwischen Stauden und Sträuchern zu der Bank, das wirkt besonders romantisch.

- **Swing-Sessel** unter der Pergola. Ähnlich dem Prinzip einer Hollywoodschaukel wurde der Swing-Sessel konstruiert (siehe Bild Seite 66). Ein Dach schützt vor Regen. Die Sitzfläche ist an Seilen aufgehängt, die ein entspanntes Schwingen ermöglichen. Die Sitzfläche ist breit genug, damit zwei Personen einen bequemen Platz finden.

Kauftipp: Sitzen Sie Probe, bevor Sie die Möbel kaufen. Vor allem größere Menschen sollten prüfen, ob der Hochlehner auch in Relax-Stellung noch bequem ist. Der Grund: Bei einiger Modellen ist die Sitzschale nach vorne hin leicht abfallend, was älteren Menschen das Aufstehen erleichtert und kleineren Menschen mehr Sitzkomfort bietet. Größeren Menschen gibt diese Sitzschale dagegen in der Relax-Stellung keinen Halt. Sie rutschen förmlich nach vorne weg, aus dem Stuhl heraus. Kaufen Sie die Polster am bes-

In England populär: Lauben aus halbierten Booten (= boat seat arbours, hergestellt z. B. von der Firma Beachcomber Trading; Adresse siehe Seite 92).

ten zusammen mit den Stühlen. Wenn dies nicht möglich ist, weil die angebotenen Muster nicht gefallen, dann messen Sie die notwendige Länge der Polster in der flachen Relax-Stellung der Stühle, aber nicht mit gerader Rückenlehne.

Sonnenschutz

An heißen Tagen bleibt ein Platz in voller Sonne nur ein Vergnügen ohne böse Folgen, wenn die intensiven Sonnenstrahlen durch ein leichtes Gewebe abgemildert auf unsere Haut treffen. Außerdem verleiht ein Sonnenschirm jedem Plätzchen ein heiteres und angenehmes Ambiente. Wir fühlen uns beschirmt, wohlig und beschützt. Für einen Sitzplatz mit Tisch und Stühlen sollten die Schirme mindestens 3 m breit und 2,50 m hoch sein.

Mit kleinen Sonnenschirmen sind Sie flexibel. Je nachdem, wo Sie Ihren Stuhl oder die Roll-Liege hinstellen wollen – der Stab eines kleinen Sonnenschirms lässt sich leicht in den Rasen bohren. Wer das nicht möchte, kauft einen rollbaren **Schirmständer** aus Kunststoff, der mit Sand oder Wasser ge-

Wer seinen Sitzplatz im Garten spontan auswählen möchte, sollte sich einen Sonnenschirm mit flexibler Bodenhülse besorgen. Darin kann man den Schirm überall windfest aufstellen.

Denken Sie an das Entleeren des Schirmständers am Ende des Sommers. Wasser, das monatelang im geschlossenen Kunststoffbehälter von der Sonne erhitzt wurde, riecht nicht sehr angenehm. Sand ist da unproblematisch und muss auch nicht jeden Herbst entleert werden.

füllt wird. Allerdings wiegt ein handelsüblicher Ständer mit Sand gefüllt 30 kg, mit Wasser 50 kg.

Die sehr populären **Marktschirme** haben meist einen Durchmesser von 5 m und bieten auch einer Großfamilie Sonnenschutz. Prüfen Sie, ob Sie einen solch großen Schirm wirklich brauchen, denn meist ist der Flaschenzug zum Aufspannen hauptsächlich dekorativer Natur, zum Öffnen des Schirmes muss daher mit viel Mus-

kelkraft nachgeholfen werden. Die große Stofffläche aus Leinen und das Schirmgerüst aus Holz wiegen viele Kilogramm. Daher sind auch für die Stabilität des Schirmes große Ständer mit Betonplatte nötig. Diese lassen sich nicht so leicht verrücken.

Bedenken Sie auch, dass der Schirm im geschlossenen Zustand eine enorme Höhe hat, nämlich mindestens die Hälfte des Durchmessers plus der Resthöhe von Stange und Fuß.

Glühbirnen, Kerzenlicht und Gartenfackeln verbreiten mit ihren warmen Farbtönen eine angenehme Atmosphäre.
Vermeiden Sie kaltes Licht im Garten.

Beleuchtung – improvisiert oder installiert

Mit Kerzenschein aus Windlichtern oder nostalgischen Gartenlaternen wird es am Sitzplatz richtig romantisch. Es gibt eine Reihe schöner Modelle nach englischem Vorbild, die auch mit Petroleum oder mit elektrischem Strom betrieben werden. Ein **Lampion** als Papier, in den Baum gehängt, lässt stille Abendstunden stilvoll zu Ende gehen. Es sind die Erinnerungen an die Kindheit, die uns die Papiersonnen und -monde in den Bäumen so lieben lassen. Bei Wind sind sie völlig unpraktisch, doch immer wieder einen Versuch wert.
Windlichter aus buntem Glas auf Stäben oder für den Tisch,

Neuerdings werden leuchtende Figuren für den Garten angeboten. Ein strahlender Gartenzwerg, eine leuchtende Kugel oder eine wetterfeste Gans aus Plastik, die innen eine Halogenlampe hat, bilden witzige Lichtpunkte entlang des Gartenweges und an der Terrassenecke oder Blickpunkte am Ende eines Weges.

als Kronleuchter oder siebenarmiger Kerzenständer – die Auswahl an Windlichtern war wohl noch nie so groß wie zur Zeit. Einfacher Tipp: Teelichter in ausrangierte Senfgläser stellen. Das tut es auch, ist sehr günstig und zudem eine ökologische Wiederverwendung von Altglas. Sehr schönes Licht werfen auch Öllampen.

Partyleuchten und **Gartenfackeln** für die Beete gibt es ebenfalls in vielen Variationen. Mit diesen und anderen temporären Beleuchtungen kann man immer improvisieren, und sie ersetzen das fehlende Erdkabel im Boden. Doch wer öfter Partys feiert oder seinen Garten gern auch am Abend sehen möchte, auf der Gartenbank vor der Hecke oder unter dem Baum, der muss Vorsorge treffen.

Elektroanschlüsse im Garten

Was ist technisch beim Verlegen von Stromkabeln im Garten zu beachten? Elektrische Anschlüsse im Garten müssen wasserdicht, die Lampen widerstandsfähig gegenüber Witterungseinflüssen und die Glühbirnen leicht auszuwechseln sein. Lassen Sie elektrische Arbeiten im Garten nur von einem Fachmann, einem Elektriker, ausführen. Für flexible Leuchten mit einem Gummistromkabel und einem Erdspieß brauchen Sie dagegen keinen Elektriker. An deren Kabelende ist meist ein Stecker, der in eine wasserfeste Außensteckdose gesteckt wird. Der Fachmann nennt diese Leuchten »ortsveränderliche Gartenlampen«. Lassen Sie das Kabel aber nicht quer über den Rasen verlaufen. Wird es vergessen, endet das nächste Rasenmähen mit einer bösen Überraschung. Auch sollte man das Kabel nicht zu wirr über die Terrasse oder die Wege legen, denn so entstehen Stolperfallen in der Nacht.

Gartensteckdosen sind frost- und korrosionsbeständig, und außerdem wasserdicht. Es gibt sie als Erdspieße mit einem oder mehreren Anschlüssen.

Diese sollten wie die Leitungen ebenfalls von einem Fachmann installiert werden.

Auf dem Weg zu einem versteckt gelegenen Sitzplatz könnte eine Lampe mit **Bewegungsmelder** installiert werden. Das ist komfortabel und verleiht auch ein Gefühl von Sicherheit. Dazu müssen die Lampen mit einem Infrarot-Bewegungsmelder ausgestattet sein, am besten ein passiver Infrarotsensor, der auf sich bewegende Wärmequellen reagiert. Der Erfassungsradius kann von mindestens 3 m bis maximal 12 m eingestellt werden. Achten Sie darauf, dass die Fotozelle lichtempfindlich und somit der Betrieb tagsüber abgestellt ist. Die Ausschaltzeit sollte von 10 Sekunden bis 3 Minuten regulierbar sein. Wenn die Lampe Ihnen den Weg durch Sträucher oder Staudenbeete hin zu Ihrem Sitzplatz beleuchten soll, dann sind 3 Minuten ausreichend.

Mit **Spots** können Sie nachts Pflanzen rund um die Sitzbank in Szene setzen. Lampen mit einem Erdspieß für die Außenverwendung sind dafür ideal. Gartenlaternen, die viele Stunden oder sogar die gesamte Nacht über an sein sollen, können mit Energiesparlampen ausgestattet sein.

Der Rosenbogen lädt ein, die Treppe hinauf in den oberen Gartenteil zu gehen. Rosenkugeln und Obelisken bilden zusätzliche Blickpunkte.

Zusätzliche Spielerei

Verschönern Sie Ihren Sitzplatz mit nostalgischen **Obelisken** aus Holz oder Eisen. An schlanken **Ranksäulen** wachsen Waldreben, Wicken und andere einjährige Schlingpflanzen schnell in die Höhe. Mehrere dieser Kletterhilfen nebeneinander aufgestellt schirmen Sie vor störenden Blicken ab und geben ein Gefühl von Rückendeckung. Das können Sie schnell auch noch im Sommer realisieren; vor allem für das erste Jahr nach dem Einzug in ein neues Haus ist dies ideal. Das Aufstellen ist einfach. Achten Sie darauf, dass die Ranksäulen mindestens 40 cm in der Erde stecken, sonst wirft sie der nächste Sturm um. Punktfundamente sind dagegen nicht notwendig.

Auf Terrassen oder befestigten Plätzen kann man diese Kletterhilfen auch in große Kübel stellen und mit Schlingern bepflanzen. Rankgerüste aus ver-

Grazile Eisen-Ranksäulen eignen sich besonders gut für einjährige Kletterpflanzen wie die Sternwinde *(Quamoclit).*

zinktem Metall mit Blatt- und Blumenmotiven (z. B. von Teak & Garden, siehe Seite 92) oder Pflanzstäbe mit geschmiedeten Spitzen für einzelne Pflanzen werden immer häufiger angeboten. Viele davon sind auch ohne Pflanzen dekorativ und schöne Blickpunkte für das Frühjahr und den Winter, wenn die Beete noch kahl sind und wenig Struktur bieten.

Kein Geld, nur ein wenig Zeit kosten **selbst gebaute Rankhilfen** aus Haselnusstrieben, Weidenruten oder Eschenzweigen. Drei schlanke Äste wie einen Dreifuß, also wie ein Zelt, auf-

stellen und mit Wicke oder Feuerbohnen bepflanzen, das bringt auf ganz natürliche Weise Höhe in ein Staudenbeet und sogar ein wenig Sichtschutz.

Kunstobjekte, Skulpturen wie Madonnen, Putten und Faune sowie besonders schöne Gefäße und andere zierende Accessoires können in Sichtweite rund um den Sitzplatz au gestellt werden. Von Pflanzen eingerahmt, wirken sie besonders romantisch. Die Materialien können Beton, Gips, Gusseisen oder Kupfer sein. Quellsteine oder Wasser speiende Figuren machen in unmittel-

Putten und Skulpturen im Staudenbeet. Besonders gut kommen sie auf Sockeln zur Geltung. Links im Vordergrund blüht die Herbstanemone 'Prinz Heinrich'.

Obelisken gibt es auch aus massivem Teakholz – ein stattlicher Anblick, auch im »letzten Eck« des Gartens. Das erhöht die Spannung und lässt den Garten größer erscheinen.

barer Nähe genauso viel Freude wie etwas entfernt. Plätschernde Geräusche aus der Ferne beruhigen jedoch eher, zu dicht am Sitzplatz können sie auch stören.

Ein Sitzplatz – viermal anders

Verschiedene Stile und ihre Ausstrahlung

Die folgenden Beispiele zeigen deutlich, wie Gartenmöbel, Accessoires und Pflanzen die Atmosphäre eines Sitzplatzes bestimmen und den Stil prägen.

1 Repräsentativ mit Möbeln aus Teakholz

Alte Klinker, kombiniert mit Hartsteinziegeln, passen gut zu Gartenmöbel aus Teakholz. Dazu könnte man als Überleitung und Begrenzung zum offenen Garten Buchskugeln in viereckigen Terrakottakübeln positionieren. Gut passen auch

Stil 1: Repräsentativ – die schlichte Form der Holzmöbel betont den edlen Charakter. Passend dazu die naturfarbenen Stuhlpolster.

Stil 2: Romantisch – die grazilen Eisenmöbel, Tiermotive auf der Tischdecke und altes Klinkerpflaster, kreisrund verlegt, verleihen diesem Sitzplatz romantisches Flair.

Blaue Blüten bringen rote Rosen noch stärker zum Leuchten.

Lorbeerbäumchen und Stech-
palmen-Kegel, Funkien *(Hosta)*
und Fetthennen *(Sedum)* im Ton-
topf sowie Blütenstauden wie
Frauenmantel, jeweils an die
Ecken der Terrasse gepflanzt.
Teakholzmöbel mit Metallfüßen
und -rahmen wirken etwas
leichter und eleganter. Stühle
mit Armlehnen bieten mehr Sitzkomfort. Es gibt auch Teakstüh-
le, die man am Abend bequem
zusammenklappen kann.

2 Wie aus einem Märchen

Dunkle, grazile Eisenmöbel wir-
ken romantisch. Zu den dunklen
Tönen wirken die Farben Weiß,
Hellblau, Rosa oder Rot aufhel-
lend und kontrastreich. Neben
Tischdecken, Servietten und
Polstern bieten sich verschiede-
ne Pflanzen an, um die Atmo-
sphäre zu betonen.
Auf dem Tisch können Rosen im
Topf oder andere blühende
Topfpflanzen stehen oder auch
Rosenblüten in einer Glas-
schale schwimmen. Die Stühle
könnte man sogar ohne Sitz-
polster genießen. Duftgeranien

mit rosafarbenen Blüten verströmen jedes Mal, wenn man
die Blätter berührt einen angenehm frischen Duft. Pflanzidee:
Ramblerrosen, die sich links
und rechts an einem Rosenbogen aus Eisen hochranken.
Denkbar wäre auch ein großer
Pavillon aus Eisen, an dem –
wie in Sissinghurst – Rosen
emporklettern; darunter lässt
sich von Dornröschen träumen.
Die Beete rund um die Rosen
können entweder konsequent
in Blautönen bepflanzt werden,
z. B. mit Salbei, Bergbohnen-

kraut und Katzenminze. Oder
im gleichen Farbton wie die
Rose, weiß, rosa oder gelb.

3 Für die junge Familie: Klappstühle oder Kunststoffmöbel

Aus den bayerischen Biergärten
kennt man sie, die praktischen
Bistrostühle, simple Klapp-
stühle, schmal, unbequem, aber
preiswert. Passend dazu der
Klapptisch.
Schlichte Eleganz aus stabilem
Vollkunststoff passt überall hin.

Stil 3: Praktisch – für den kleinen Geldbeutel sind diese einfachen Klappstühle und
-tische genau das Richtige. Sie sind unkompliziert und schnell aufgebaut.

Bequeme Hochlehner mit Sitzpolster, um einen Tisch mit Einsteckloch für den Sonnenschirm in der Mitte herum aufgestellt, sowie evtl. zwei Hocker und einen Gartenbeistelltisch. Verschiedene Firmen bieten eine Fülle von Modellen an, darunter auch zwei- und dreisitzige Gartenbänke aus wetter- und UV-beständigem Vollkunststoff. Sitzpolster in Weiß-Blau gestreift wären schön dazu, sowie ein passender Sonnenschirm. Blütensträucher, Margeriten-Bäumchen und einjährige Sommerblumen in Kübeln runden den Sitzplatz auf preisgünstige Weise ab.

Stil 4: Mediterran – natürliche Materialien wie Rattan, Marmor, Eisen und Terrakotta sowie die Palmen erinnern an den letzten Urlaub am Mittelmeer.

4 Mediterranes Flair

Geflochtene Rattanmöbel, komfortable Liegen und bequeme Sessel erinnern an den Urlaub im Süden. Terrakottafliesen verstärken diesen Eindruck, begleitet von Zitronen- und Orangenbäumchen, Oleander und Wollmispel *(Eriobotrya)* in simplen Tontöpfen. Auf einem Marmortisch könnten ein Teller mit Feigen und Zitronen, sowie ein Glas Rotwein stehen – viva Italia! Pflanztipp: Mediterranes Flair erhält das Beet rund um den Sitzplatz durch Lavendel (an den Duft der Provence erinnernd) zusammen mit sonnenliebenden Königskerzen *(Verbascum)*, Edelrauten *(Artemisia)*, Junkerlilie *(Asphodeline lutea)*, Yucca-Palmen und Rosettenbäumchen *(Aeonium)*.

auf einen blick

- Vor dem Kauf der Gartenmöbel eine Checkliste erstellen: Müssen sie wetterfest sein? Wie groß ist der Platz für die Überwinterung? Wie viele Stühle brauchen Sie? Welche Farbe passt zu den tonangebenden Farben in Ihrem Garten und zu Ihrer Hausfassade?
- Rollbare Liegen oder Stühle sind flexibel und ohne großen Kraftaufwand dorthin zu stellen, wo gerade die Sonne scheint.
- Probesitzen vor dem Kauf lohnt sich!
- Denken Sie bereits bei der Planung an Sonnenschutz und Beleuchtung rund um den Platz.

Pflanzen rund um den Sitzplatz

Sich hinter Hecken verstecken, an süßen Früchten naschen, von schweren Düften umhüllt – wie im Schlaraffenland. Verwöhnen Sie sich rund um den Sitzplatz. Hier finden Sie die schönsten Pflanzen dafür.

Eine Gartenlaube, eine Bank oder ein Liegestuhl wird erst zum Traumplatz, wenn er von duftenden, rankenden und beschützenden Pflanzen eingerahmt wird. Sowohl schirmartige Gehölze als auch Kletterpflanzen sorgen mit ihrem dichten Blätterkleid für Rückendeckung und das Gefühl, beschirmt zu sein. Süße Düfte öffnen die Herzen und sorgen für Entspannung.

Beschirmende Gehölze

Im Schutz einer breiten, schirmförmigen Baumkrone oder eines dicht wachsenden Strauches fühlen wir uns geborgen. Beide spenden weichen, nicht zu dunklen Schatten und beschirmen

◄ Von Pflanzen verwöhnt. Gelb leuchten die Früchte der Zitruspflanzen im Kübel, Mini-Petunien blühen ebenso wie das Spanische Gänseblümchen auf dem Tisch den ganzen Sommer lang.

eine Gartenbank. Optimal eignen sich dafür Bäume, die in der Baumschule als mehrstämmige Exemplare erzogen wurden, also mit mehreren Stämmen und ohne Hauptstamm.

▶ **Feuerahorn**
(Acer ginnala)
5–6 m hoch, 4–10 m breit, Jahrestrieb 30–50 cm, mehrstämmig, Blüte V, leicht duftend, grünlich-weiß, Früchte rot. Leuchtende Herbstfärbung im Oktober.

▶ **Kupfer-Felsenbirne**
(Amelanchier lamarckii)
5–8 m hoch, 3–5 m breit, mehrstämmig, Blüte Ende IV, weiß, Früchte bläulich-schwarz, süßlich, saftig, essbar. Flammend orangerote Herbstfärbung im Oktober.

▶ **Trauerbirke**
(Betula pendula ‘Youngii’)
5–7 m hoch, 4 m breit, zierlicher Baum mit schirmförmiger Krone und lang herunterhängenden Zweigen. Tipp: Pflanzen Sie Birken am besten im Frühjahr.

▶ **Katsurabaum, Kuchenbaum**
(Cercidiphyllum japonicum)
8–12 m hoch, 4–6 m breit, häufig mehrstämmig. Seine Zweige

breitet er waagerecht aus. Blüte IV. Bronzefarbener Blattaustrieb im Mai, brillante gelborange Herbstfärbung. Das Herbstlaub riecht aromatisch. Der Baum bevorzugt kühle, luft- und bodenfeuchte Standorte.

▶ **Gemeiner Judasbaum**
(Cercis siliquastrum)
4–6 m hoch und breit, schirmartig, mehrstämmig, Blüte IV, auffällig purpurrosa, zarter Duft. Optimal sind heiße, sonnige Lagen. Tipp: Nur an geschützten Stellen pflanzen, da die frühe Blüte frostempfindlich ist. Nur auf durchlässigen, kalkhaltigen Böden.

▶ **Schirm-Heckenkirsche**
(Lonicera maackii)
4–6 m hoch, Zweige waagerecht, sehr anspruchslos,

Diese beiden Essigbäume sind schon alt und breiten ihre Krone schützend über den Sitzplatz aus.

Die gelb-grünen Blätter der Stechpalme lassen die exakt geschnittene Formhecke leuchten. Das Haus begrünen verschiedene Efeu-Pflanzen.

für jeden Standort und jeden Gartenboden. Blüte Ende V–VI, rahmweiß, stark duftend, zahlreiche rote Beeren im August.

▶ **Zierkirsche**
(*Prunus serrulata* 'Okumiyako') 2–4 m hoch und breit, Blüte V, rosa/weiß, gefüllt.

▶ **Essigbaum**, Hirschkolben-Sumach (*Rhus typhina*) 3–10 m hoch, 3–5 m breit, Ausläufer treibend! Feuerrote Herbstfärbung.

Essigbäume nur in einen Betonring oder mit Rhizomsperre (mindestens 2–3 mm starke Teichfolie) pflanzen!

Heckenpflanzen

Schnitthecken

Schmal geschnittene Hecken und Baumwände frieden Grundstücke ein, grenzen sie auf eine Platz sparende Art und Weise ab. Als lebende Zäune bieten sie der Vogelwelt zusätzlichen Lebensraum. Baumwände oder geschnittene Spaliere kaschieren unschöne Fassaden oder Mauern und können als Ersatz für Kletterpflanzen dienen.

Dies ist vor allem im Falle eines schadhaften Mauerwerks sehr sinnvoll, denn die Haftorgane von Efeu, Wildem Wein oder Kletterhortensie können sogar losen Verputz abheben.

▶ **Hainbuche, Weißbuche**
(*Carpinus betulus*)
Bis zu 15 m hoch, als Hecke geschnitten problemlos bis zu 4 m Höhe, unauffällige Blüte. Das Blatt ist dunkelgrün, im Oktober gelbbraun, gelegentlich gelborange, häufig bleibt es im braunen Zustand bis zum Frühjahr haften. Typisches Heckengehölz für Hausgärten, das den Rückschnitt sehr gut verträgt. Die Weißbuche hat ein dichtes Herzwurzelsystem und reagiert daher empfindlich auf Verdichtung und Überflutung. Bei ausreichender Bodenfeuchte ist sie hitzeverträglich.

Die Hainbuche hat im Gegensatz zur Rotbuche keine glänzenden Blätter, sondern matte und sehr kurze Blattknospen.

▶ **Eingriffeliger Weißdorn**
(Crataegus monogyna)
Ungeschnitten 2–6 m hoch,
2–5 m breit, dicht verzweigt, mit
waagerecht strebenden Zweigen. Jahrestrieb: 15 bis 25 cm.
Blüte von Ende V bis Anfang VI,
weiße Dolden, mit essbaren
Früchten ab September. Schöne
Herbstfärbung ab Mitte Oktober. Der Weißdorn ist ein Tief-
wurzler, der empfindlich reagiert auf Bodenverdichtung und
Einpflasterung. Er versagt auf
nährstoffarmen, trockenen
Standorten.

Die Rotbuche hat ein glattes, glänzendes Blatt und spitze Blattknospen.

▶ **Rotbuche**
(Fagus sylvatica)
Ungeschnitten 20–30 m hoch,
im Hausgarten in der Regel als
Hecke geschnitten. Ihre hohe
Bereitschaft, stets neue Seiten-
triebe zu bilden, macht sie zum
beliebten Heckengehölz. Das
Herbstlaub färbt sich intensiv
scharlachrot und bleibt im braunen Zustand bis zum Frühjahr
hängen. Allerdings ist die Rotbuche hitzeempfindlich und
spätfrostgefährdet, bei Boden-
trockenheit ist die Gefahr von
Blutlausbefall groß. Ideal ist ein
schwach saurer bis alkalischer
lehmiger Boden.

▶ **Wintergrüner Liguster**
(Ligustrum ovalifolium)
3–5 m hoch, 2–3 m breit, geschnitten nur 2–3 m hoch. Blüte

VI–VII, intensiver Duft, schwarze
Beeren, schwach giftig. Das
Laub ist wintergrün, etwas led-
rig und glänzend. Ideal für eine
Sichtschutzhecke. Er ist etwas
frostempfindlich. Günstig sind
durchlässige, kalkhaltige Sub-
strate und ein sonniger Standort.

▶ **Liguster, Rainweide**
(Ligustrum vulgare)
2–5 m hoch und breit, geschnitten wächst er nicht höher als
2 m. Blüte VI–VII, intensiv
riechend, schwarze Beeren,
schwach giftig, z. T. bis ins
nächste Frühjahr haftend. Der
Liguster ist sehr anspruchslos,
wächst auf allen Böden mit Ausnahme stark saurer Moorböden,
in der vollen Sonne wie im Halbschatten.

▶ **Eibe** *(Taxus baccata)*
5–15 m hoch, 5–10 m breit (nach
100 Jahren), meist mehrstämmig, breit kegel- oder eiförmig,
Jahrestrieb: 10–30 cm. Die Blüte
ist unscheinbar, dafür aber
leuchten die roten, fleischigen
Fruchtbecher (Arillus). Die glänzend dunkelgrünen Nadeln bleiben das ganze Jahr an den
Ästen und schützen so wunderbar vor störenden Blicken. Die
Eibe verträgt Sonne wie Halbschatten. Der volle Schatten
wird toleriert, ist aber ungünstig. Der Boden sollte schwach
sauer bis alkalisch sein. Die
Eibe verträgt bis ins hohe Alter
noch den Rückschnitt. Achtung:
Alle Teile der Eibe (bis auf den
roten Fruchtbecher) sind giftig!

Schmale, frei wachsende Hecken

▶ **Grüne Hecken-Berberitze**
(Berberis thunbergii)
1,5–2 m hoch und breit, Blüte im Mai. Früchte glänzend hellrot, essbar saftig-säuerlich, oft bis zum Frühjahr haftend. Das Laub treibt früh im April aus, ist im Sommer hellgrün, ab September färbt es sich prachtvoll in ein Orange- bis Scharlachrot. Die Hecken-Berberitze verträgt volle Sonne bis lichten Schatten und bevorzugt durchlässige, schwach saure bis neutrale Böden. Sie ist ein dorniger, vieltriebiger und undurchdringlicher Strauch – ideal für die Hecke an der Grundstücksgrenze.
Die Sorte 'Atropurpurea' besticht durch eine purpurrote Laubfarbe, die sich im Herbst zu leuchtendem Karminrot verfärbt.

▶ **Große Blut-Berberitze**
(Berberis × ottawensis 'Superba')
3–4 m hoch, bis 2 m breit, kräftig bedornt, bogenförmige Triebe, starkwüchsig, auffällig und reichblühend im Mai, kräftiger Geruch, hellrote Beeren, die bis in den Winter haften, sehr dekorativ und essbar. Das Laub begeistert im Herbst mit einem

lebhaften Farbenspiel zwischen flammend Orange- und Dunkelrot. Die Blut-Berberitze verträgt Sonne, im Schatten verliert sie die typische Laubfärbung. Sie gedeiht auf allen Gartenböden. Ein Rückschnitt alle 5 Jahre bewirkt eine intensive schwarz-rote Tönung.

▶ **Blaue Säckelblume**
(Ceanothus-Hybride 'Gloire de Versailles')
1–1,5 m hoch und breit, dunkelgrünes Laub bis November, in günstigen Jahren nahezu wintergrün. Blüte VII–XI, kobaltblau, zierende Früchte. Allerdings ist der Strauch frostempfindlich und friert häufig bis zum Boden zurück, treibt aber wieder kräftig aus. Am besten auf durchlässigen und kalkhaltigen Böden pflanzen. Pflegetipp: Im Frühjahr unbedingt bis zum Boden zurückschneiden, um den Blütenansatz zu steigern. Am besten im Frühjahr pflanzen.

▶ **Zierquitte**
(Choenomeles japonica)
Bis 1 m hoch und breit, langsam wachsend, Blüte Anfang III bis Ende IV. Es gibt eine Reihe von Sorten, die in der Blütenfarbe und der Wuchshöhe leicht voneinander abweichen. Die Zierquitte 'Elly Mossel' blüht orange. Alle Sorten haben kleine grün-gelbe, essbare Quitten

mit aromatischem Duft. Hinweis: Die Zierquitte ist empfindlich gegen Bodenverdichtung.

▶ **Hortensien**
(Hydrangea arborescens 'Annabelle') und Bauernhortensie *(Hydrangea macrophylla)*
0,8–1,20 m hoch und breit, Blüte VIII–IX, weiß, lila, rosa. Die großen, strahlend weißen Blütenbälle von 'Annabelle' begeistern jeden Hobbygärtner. Ebenfalls die Leuchtkraft der Bauernhortensie. Zur Blaufärbung Hortensiendünger verwenden.

▶ **Busch-Liguster**
(Ligustrum obtusifolium var. regelianum)
1–2 m hoch und breit, langsamwüchsig, Blüte VI/VII, im Herbst lang haftende matt blaugraue Beeren. Das Laub treibt Ende April schon früh aus und bleibt bis Ende November am Strauch hängen. Gut geeignet für Sichtschutzhecken. Der Busch-Liguster ist anspruchslos, verträgt Sonne bis Halbschatten sowie Trockenheit.

▶ **Blut-Johannisbeere**
(Ribes sanguineum 'Atrorubens')
1,5–2 m hoch und breit, IV, rot. Vollkommen winterharter Blütenstrauch, der langsam wächst. Ideal für kleine Gärten. Schöne Herbstfärbung.

Kletterpflanzen

Gipfelstürmer oder Klettermaxe könnte man sie nennen. Mit ihren langen Trieben schlingen, ranken oder spreizen sie sich nach oben. Ihre Wuchskraft ist unterschiedlich. Ein Knöterich hat so viel Energie, dass er in einem Sommer das gesamte Dach einer Pergola überzieht. Die Glockenrebe dagegen wäre damit völlig überfordert. Wählen Sie daher die Art sorgfältig nach dem Nutzen aus, den Sie erzielen wollen. Fast alle Kletterpflanzen können Sie wahlweise in den Gartenboden oder in Kästen und Kübel pflanzen. Letztere müssen regelmäßig gewässert werden, vor allem, wenn darin so durstige Kandidaten wie Feuerbohnen, Knöterich oder Wicken wachsen.

Die kleinblütigen Waldreben (*Clematis-viticella*-Sorten) sind gesünder und widerstandsfähiger gegenüber der Clematis-Welke als die großblumigen.

Waldreben alleine decken keine Pergola oder Laube. Man kann sie aber problemlos kombinieren mit dem immergrünen, unscheinbar blühenden Efeu oder mit Kletterrosen und dem immergrünen Geißblatt. Zu empfehlen sind *Clematis-viticella*-Sorten, die gegen die gefährliche Clematis-Welke resistent sind.

▶ **Knöterich**
(*Fallopia aubertii*)
8–15 m, windend, starkwüchsig, Blüte weiß, IX–X, starker Duft.

Für Pergolen, Lauben und große Kletterwände

▶ **Pfeifenwinde**
(*Aristolochia macrophylla*)
6–10 m, windend, große Blätter, ungewöhnliche, braunrote Blüten. Guter Schattenspender.
▶ **Clematis, Waldrebe**
(*Clematis*-Arten und -Sorten)
Farbenprächtige Schlinger, die mit ihren sternförmigen Blüten starke Farbakzente setzen.

Empfehlenswerte *Clematis-viticella*-Sorten			
Sorten	**Höhe**	**Blütezeit**	**Farbe**
'Alba Luxurians'	3–4 m	VII–IX	weiß
'Étoile Violette'	3–4 m	VII–IX	violett
'Königskind'	3–4 m	VII–IX	hellblau
'Madame Julia Correvon'	3–5 m	VII–IX	rubinrot
'Minuet'	3–4 m	VII–IX	violett
'Rubra'	3–4 m	VII–IX	weinrot

Farne und Funkien fühlen sich in diesem schattigen Eck sehr wohl. Efeu hat die Mauer völlig bedeckt.

▶ **Efeu**

(Hedera helix)

5–20 m, immergrün, kletternd, selbsthaftend. Es gibt verschiedene gelbgrüne Formen, die aber nicht alle bei uns zuverlässig frosthart sind.

▶ **Gemeiner Hopfen**

(Humulus lupulus)

Bis 9 m hoch. Eine mehrjährige Staude, deren Ranken jedes Jahr neu wachsen, im Winter ist die Pflanze kahl. Doch die bis 15 cm breiten Blätter spenden

im Sommer einen angenehmen Schatten. Die grüngelben, männlichen und weiblichen Blüten sitzen jeweils auf getrennten Pflanzen (zweihäusige Art). Tipp: Fragen Sie nach verschiedenen Sorten, z. B. 'Hallertau' mit großen Blüten.

▶ **Kletterhortensie**

(Hydrangea petiolaris)

6–10 m, kletternd, selbsthaftend, ideal für alte Mauern. Blüte VII–VIII, cremeweiß, leicht duftend.

▶ **Rote Geißschlinge**

(Lonicera × brownii 'Dropmore Scarlet')

Schwachwüchsiger Schlinger, 2–3 m hoch, 0,5–1 m breit, Blüte VI–IX (X), lebhaft orangerot in lang gezogenen Röhren. Wärmeliebend, meist frosthart.

Einjährige Kletterpflanzen rund um den Sitzplatz				
Deutscher Name **(Botanischer Name)**	**Blütenfarbe**	**Blütezeit**	**Höhe**	**Bemerkung**
Kletter-Zucchini *(Cucurbita pepo)*	gelb	V–VIII	1,5–2 m	kletternd ist z. B. die Sorte 'Black Forest F$_1$'
Zierkürbis *(Cucurbita pepo)*	gelb	V–VII	1,5 m	zahlreiche Sorten mit wunderschönen Früchten
Duftwicke *(Lathyrus odoratus)*	viele Farben	VI–IX	1,5–1,8 m	Pflanze im Juli anhäufeln, das erhöht den Nachflor
Feuerbohne *(Phaseolus coccineus)*	rot	VI–IX	2–2,5 m	Grüne Bohnen sind ungekocht giftig!
Schwarzäugige Susanne *(Thunbergia alata)*	gelb/orange	VI–X	1,5–2 m	viele Blütenfarben, von Tieforange bis Zitronengelb
Kletter-Kapuzinerkresse *(Tropaeolum speciosum)*	orange/ rot/gelb	V–X	1,80 m	die Sorte 'Scharlachglanz' klettert und hat essbare Blüten und Blätter

Der Hopfen wächst schnell, braucht dafür aber viel Wasser und reichlich Dünger. Besonders schöne Blüten hat die Sorte 'Hallertau'.

Ideal ist ein halbschattiger Standort.

▶ Jelängerjelieber
(Lonicera caprifolium)
3–6 m, windend, Blüte IV–V, gelb, duftend, orangefarbene Früchte.

▶ Geißblatt
(Lonicera × heckrottii)
3–4 m, windend, Blüte V–X, karminrote Knospen und gelbe Blüten, rote Früchte.

▶ Immergrünes Geißblatt
(Lonicera henryi)
4–6 m, windend, immergrün, Blüte im IV, röhrenförmig, rot oder gelb. Schwarze Beeren.

▶ Geißblatt
(Lonicera × tellmanniana)
4,5 m, Blüte V–VI, orangefarben, duftlos. Frostempfindlich.

▶ Wald-Geißblatt
(Lonicera periclymenum)
6 m, immergrün, Blüte VI–VII, weiß-rosa, intensiver Duft.

▶ Wilder Wein
(Parthenocissus quinquefolia, P. tricuspidata 'Veitchii')
8–20 m, selbsthaftend, feuerrote Herbstfärbung, blaue Beeren auch im Winter. P. tricuspidata 'Veitchii' hat kleine Blätter.

▶ Weinrebe
(Vitis vinifera)
6–8 m, rankend, große Blätter, guter Schattenspender, süße Früchte. Diverse Sorten für den Hausgarten.

▶ Blauregen, Glyzinie
(Wisteria sinensis), 6–30 m, windend, Blüte im Mai, blauviolett, zart duftend. Stark wachsende Art! Die Sorte 'Alba' hat stark duftende, weiße Blüten. Auch Wisteria floribunda wächst stark und blüht im Mai, doch trägt diese Art deutlich längere, schmälere Blütentrauben. Empfehlenswert: Die Sorte 'Macrobotrys'.

Goldgelb blüht das Geißblatt (Lonicera × tellmanniana) im Mai.

Die Kletterzucchini erobert in wenigen Wochen ganze Klettergerüste und hält mit ihren großen Blättern unerwünschte Blicke zurück. Außerdem liefert sie laufend Früchte.

Kletterrosen:
Für Rankgerüste, Pavillons und Pergolen

- 'Bobbie James', Blüte creme-weiß, klein, einmal blühend, duftend, 4–7 m, frostempfindlich.
- 'Madeleine Seltzer', elfenbeinfarben, mittelgroß, duftend, bis 3 m.
- 'Super Excelsa', karminrosa, klein, bis 2,5 m, luftig pflanzen.
- 'Venusta Pendula', hellrosaweiß, mittelgroß, bis 6 m, tolle Herbstfärbung.

Juwele für den Halbschatten – ideale Rosen für Lauben:
- 'Charles Lawson', rosarot, groß, duftend, bis 2 m, robuste Sorte.
- 'Creme', creme, klein, duftend, 3–6 m, sehr winterhart.
- 'Ghislaine de Feligonde', gelblich-weiß, mittelgroße Blüte, 1,5–2 m.
- 'Zéphirine Drouhin', dunkelrosa, duftend, bis 2–4 m.

Gräser als Sichtschutz

Ein Garten wird mit Gräsern erst vollkommen. Ihre Halme wiegen sich im Wind, fangen die Sonnenstrahlen ein, und ihr seidiger Glanz begeistert das Auge. Aufrechte, hohe Gräser strukturieren die Staudenbeete, füllen mit ihren mächtigen Horsten große Lücken. Wenn Sie die Gräser den Winter über stehen lassen, geben die trockenen Halme auch in der kahlen Jahreszeit viel Anlass zur Freude: Struktur und Halt, Lichtspiele der Wintersonne nach Frostnächten im Tau und in Eiskristallen – ein Naturerlebnis, auf das man nicht freiwillig verzichten sollte. Nachfolgend finden Sie eine Auswahl an **hohen Gräsern**, die **als Sichtschutz geeignet** sind.

▶ **Reitgras**
(Calamagrostis × acutiflora 'Overdam')
70 cm, der Blütenstand wird 130 cm hoch, Blüte VII–VIII, weiß-grüner Blattaustrieb, attraktiver Winterschmuck.

▶ **Rasenschmiele**
(Deschampsia cespitosa)
70 cm, Blüte VI–VIII, weitschweifiges Gras mit grüngelben Rispen und dichten, grünen Horsten, im Herbst sind sie gelb.

▶ **Riesen-Chinaschilf**
(Miscanthus floridulus)
300 cm hoch, schilfartiger Wuchs mit oben überhängenden Halmen. Die Halme sind schilfartig, grün und haben einen weißen Mittelnerv. Der geschlossene Wuchs lässt keine unerwünschten Blicke durch.

▶ **Chinaschilf**
(Miscanthus sinensis)
Verschiedene Sorten: z. B. 'Ferner Osten', 120 cm, Blüte IX–X, wächst kompakt und zeigt

Chinaschilf zaubert mit seinen Blüten geheimnisvollen Charme in den Herbstgarten.

zur Blütezeit rote Rispen mit weißen Spitzen, phantastische Herbstfärbung; 'Große Fontäne', blüht silbrig und sehr üppig, 200 cm, IX–X, silbrige Blüten; 'Silberfeder', 200 cm, VIII–X, breiter, schilfartiger Wuchs.

▶ **Rutenhirse**
(Panicum virgatum)
80–90 cm, Blüte VII–VIII; die rote Herbstfärbung der Halme ist bei der Sorte 'Rotstrahl-busch' besonders intensiv aus-geprägt. Die Rutenhirse gedeiht auf allen Gartenböden, in voller Sonne und scheut keine starken Winde.

▶ **Goldbandgras**
(Spartina michauxiana 'Aureo-marginata'*)*,
80–150 cm, VIII–IX, goldgelbe Blattfärbung, sehr schön bei Raureif und Schnee.

Duftpflanzen

Sträucher und Bäume

▶ **Schmetterlingsstrauch**
(Buddleja davidii 'Black Knight'*)*
1,80–2,50 m hoch, 1,5 m breit, Blüte VI–VIII, dunkelpurpur, Duftnote: Honig.

▶ **Falscher Jasmin**
(Philadelphus coronarius)
3–4 m hoch, 2–3 m breit, stark-wüchsig, Blüte Ende V–VI, süßer

Eine öfterblühende Portlandrose für den kleinen Garten: 'Comte de Chambord'.

Duft, anspruchslos und robust. Die Sorte 'Manteau d'Hermine' duftet nach Orangen.

▶ **Pontische Azalee**
(Rhododendron luteum)
4 m hoch, Blüte IV–V, leuchtend gelb, duftet nach Fruchtcocktail. Verträgt keine Kalkböden.

▶ **Rosen** *(Rosa)*
Hier eine Auswahl besonders in-tensiv duftender Sorten:
- 'Adelaide d'Orleans', Ramb-lerrose, cremeweiße, halb-gefüllte Blüten, fast imme-grün. Zarter Pfingstrosen-duft, 450 cm hoch.
- 'Comte de Chambord', Port-landrose, öfter blühend, rosa, dicht gefüllt, süßer Duft, ideal für kleine Gärten, 90 hoch.
- 'Fantin Latour', Centifolien-rose, rosa, dicht gefüllt, leich-ter Duft, 150 cm hoch, 180 cm breit.
- 'Madame Isaac Pereire', Bourbonrose, öfter blühend, riesige, schalenförmige Blüten in Magenta-Karmin, 150 cm.
- 'Souvenir de la Malmaison', alte Sorte, die nach den be-rühmten Rosengärten der Kaiserin Joséphine von Frank-reich in Malmaison benannt ist. Sie blüht zartrosa, im Alter etwas verblassend, und duftet sehr stark! 90 cm hoch und breit.

▶ **Edelflieder**
(Syringa vulgaris 'Charles Joly'*)*
3–4 m hoch, 3–4 m breit, Blüte V,

purpurrot, gefüllt, intensiver Fliederduft. Es gibt viele weitere Sorten.

▶ **Duftschneeball**

(Viburnum carlesii)

1,2–1,5 m hoch, langsamwüchsig, Blüte IV–V, karminrosa, für schwach saure Gartenböden.

▶ **Winterschneeball**

(Viburnum farreri)

2–3 m hoch, straff aufrecht wachsend, Blüte XII und nochmals I/II, zartrosa.

Der Duft von Hyazinthen durchzieht den ganzen Garten.

Kräftiges Lila-Rot leuchtet aus diesem Balkonkasten mit Pelargonien, Fächerblume und einer prächtigen Verbene.

Ein- und Zweijährige Sommerblumen

Auch für Kübel eignen sich:

▶ **Goldlack**

(Cheiranthus cheiri Bedder-Serie)

Blüte V–IX, 60 cm hoch, gelb, orange, duftet balsamisch süß.

▶ **Bartnelke**

(Dianthus barbatus)

40 cm, Blüte V–VII, rot/rosa/weiß, häufig zweifarbig, duftet süß.

▶ **Vanillestrauch**

(Heliotropium arborescens 'Chatsworth')

40 cm, Blüte Anfang VI–IX, dunkelpurpur, intensiver Vanilleduft.

▶ **Duftwicke**

(Lathyrus odoratus in Sorten)

Vanilleduft. Weitere Hinweise siehe bei Kletterpflanzen (siehe Seite 82).

▶ **Duftsteinrich**

(Lobularia maritima 'Rosie O'Day')

20 cm, rosa/purpur, leicht duftend. Die Sorte 'Schneehaube' blüht weiß und duftet intensiv.

▶ **Levkoje**

(Matthiola incana)

0,80 cm, weiß, gelb, apricot, intensiver, strenger Duft.

Nachtdufter

▶ **Gladiole**

(Gladiolus tristis)

Knollenpflanze, 50 cm, Blüte IV–V, cremefarben.

▶ **Taglilie**

(Hemerocallis citrina)

Ausdauernde Staude, 60 cm,

Blüte VI–VIII, zitronengelb, süßer Duft.

▶ **Nachtviole**

(Hesperis matronalis)
Einjährig, 60–90 cm, abends duften die purpur- und lilafarbenen Blüten, etwas weniger auch die weißen intensiv nach Gewürznelken. Der Gattungsname stammt aus dem Griechischen *(hesperos* = Abend).

▶ **Duftsteinrich**

(Lobularia maritima)
Ausdauernd weiß, Blüte V–VII, stark duftend, Polsterpflanze.

▶ **Ziertabak**

(Nicotiana alata)
Einjährig, 150 cm, weiße Trichterblüten mit exotischem Duft.

▶ **Nachtkerze**

(Oenothera biennis)
Zweijährig, 80 cm, leuchtend, Blüte VI–VIII, gelb, Zitronenduft.

▶ **Eisenkraut, Verbene**

(Verbena-Hybriden)
60 cm, Blüte VI–IX, weiß, rosa, violett, leichter Vanilleduft.

Duftende Zwiebelblumen

▶ **Hyazinthen**

(Hyacinthus orientalis 'Carnegie')
30 cm, weiß. Rosafarbene Sorte: 'Lady Derby'; kräftig rosa: 'Pink Diamond'.

▶ **Madonnenlilie**

(Lilium candidum)
1–2 m, Blüte VI–VIII, reinweiß, starker Honigduft. Hinweis zur Pflanztiefe: Die Spitze der Zwiebel sollte sich fast auf Bodenhöhe befinden. Schon im September pflanzen. Kalkhaltiger Boden bevorzugt.

▶ **Dichternarzisse**

(Narcissus poeticus 'Actaea')
40 cm hoch, Blüte weiß/orange.

▶ **Tazetten-Narzissen**

(Narcissus-Tazetta-Hybride 'Cheerfulness')
40 cm hoch, Blüte IV–V, weiß, süßduftend; 'Soleil d'Or' blüht goldgelb/orange.

Kübelpflanzen

Kübelpflanzen haben in unseren Gärten eine lange Tradition, angefangen bei den Hängenden Gärten der Semiramis im fernen Babylon bis hin zu den großen Amphoren in den Gärten griechischer Villen.

Mit Hilfe von Kübeln, halbierten Holzfässern, Steintrögen und Amphoren, Blumenkästen und Ampeln blüht es rund um den Sitzplatz das ganze Jahr. Im Sommer blühen die ein- und zweijährigen Blumen zusammen mit Pflanzen aus dem Mittelmeerraum und den Tropen.

Zwergkoniferen und Dahlien in Kübeln rahmen diesen gemütlichen Sitzplatz am Wasser ein.

Neben der üppigen Pelargonie streckt eine Schmucklilie ihre weißen Blüten nach vorne. Die Bergenienblätter schmücken auch im Winter den Kübel.

Empfehlenswerte Dauerblüher

Für die Sonne:
Steinkraut 'Snowdrift', Lobelien, Fleißiges Lieschen, Petunien, Strauchmargeriten, Studentenblume, Leberbalsam, Kornblumen, Ringelblumen, Jungfer im Grünen.
Für den Schatten:
Fuchsien, Verbenen, Fleißiges Lieschen.
Anzucht und Ausaat: Ab Ende Januar Petunien auf der Fensterbank aussäen, ab Ende Februar die Fleißigen Lieschen. Ringelblumen, Kornblumen und Jungfer im Grünen ab Mitte April direkt ins Freiland säen.

Mediterrane Kübelpflanzen für den Sitzplatz				
Deutscher Name **(Botanischer Name)**	**Höhe** **Wuchs**	**Blütezeit** **Farbe**	**Standort** **Überwinterung**	**Bemerkungen**
Schönmalve (*Abutilon*-Arten)	150 cm sparrig	I–XII gelb, rot	halbschattig hell und kühl	Dauerblüher
Schmucklilie (*Agapanthus*-Arten)	80 cm grasähnlich	V–X blau, weiß	sonnig hell und kühl	Staude, keine Staunässe
Drillingsblume (*Bougainvillea glabra*)	200 cm Kletterpflanze	V–IX lila, pink	sonnig hell und kühl	Rückschnitt nötig, häufig gießen
Gewürzrinde (*Cassia corymbosa*)	100 cm Strauch	V–XII gelb	sonnig hell oder dunkel	Dauerblüher
Engelstrompete (*Datura*- bzw. *Brugmansia*-Sorten)	200 cm baumartig	V–X weiß, gelb	sonnig hell und kühl	betörender Duft, häufig gießen
Wandelröschen (*Lantana*-Hybriden)	150 cm baumartig	IV–X viele Farben	sonnig hell und kühl	für Formschnitt empfohlen
Kartoffelbaum (*Solanum*-Arten)	150 cm sparrig	III–XI blau	sonnig hell und kühl	für Formschnitt, häufig gießen

Gemüse und Kräuter rund um den Sitzplatz

Ein bunter Küchengarten mit Kapuzinerkresse, Zucchini und buntstieligem Mangold (besonders schön: die Sorte 'Vulkan'), kombiniert mit Dill und Fenchel, macht Spaß für Gaumen und Auge. Die bunten Farben und der Kontrast zwischen den derben Mangoldblättern und dem grazilen Dill *(Anethum graveolens)* sorgen für Spannung. Hübsch passen dazu auch noch zitronengelbe Dahlien oder zitronenblütige Studentenblumen *(Tagetes citrinifolia)*, eingerahmt von saftig grünen Petersilie-Polstern.

Streng geschnittene Buchshecken rahmen diesen Kräutergarten mit Ornamentbeeten ein.

Eine Auswahl dekorativer Gemüsearten:

- Bunte Salatmischung 'Misticanza'
- blaue Stangenbohne 'Blauhilde'
- rötlich geflammte Stangenbohne 'Feuerzungen'
- roter Mangold 'Feurio' mit roten Stielen und 'Rhubarb Chard' mit rubinroten Stielen, grünen Blättern und roten Blattadern – eine wunderschöne Zierstaude neben Löwenmäulchen und Rosen
- grüner Blumenkohl 'Romanesco'
- weinrote Sorten von Grünkohl
- gelbe Beete 'Golden Beetroot'
- roter Grünkohl

Gourmetkräuter

▶ Muskatgarbe
(Achillea decolorans)
40–50 cm, VII–IX, cremeweiß, frische bis feuchte Standorte, sonnig bis halbschattig.

▶ Anis-Ysop
(Agastache foeniculum)
purpurlila, VI–IX, 80 cm. Lockt Insekten an und ist auch als Schnittblume attraktiv.

▶ Winterheckezwiebel
(Allium fistulosum)
50 cm, VI–VIII, gelblich-weiß, sonnig bis halbschattig, frische Standorte. Auch im Kübel möglich; er sollte etwa 5 l Volumen haben.

▶ Japanische Petersilie
(Cryptotaenia japonica 'Purpurascens')
60 cm, VII–IX, weißlich, rotblättrig, feuchter, nährstoffreicher und leicht beschatteter Standort.

▶ Spanischer Kerbel, Süßdolde
(Myrrhis odorata)
150 cm, VI–VII, weiß, im lichten Gehölzschatten in frischem Boden. Auch im Pflanzgefäß ab 10 l Erdvolumen möglich.

Pflanzen für eine Naschecke

▶ Himbeeren
(Rubus idaeus)
Die neuen Sorten sind alle robust gegen Krankheiten. Sommertragende Sorten wie 'Glen Moy' reifen ab Anfang Juni, 'Meeker' ab Mitte Juli und 'Schönemann' von Ende Juli bis Mitte August.
Herbsttragende Sorten wie die 'Autumn Bliss' reifen bereits im ersten Jahr nach der Blüte von August bis zum ersten Frost. Pflege: Im November alle Ruten bis zum Boden abschneiden!

▶ Brombeeren
(Rubus fruticosus)
Dornenlose Sorten sind für Kinder zu empfehlen. Die Kletter-Brombeere 'Thornless' ist stark rankend, wird über 3 m lang; Ernte ab September. 'Nessy' wächst mittelstark, die Triebe werden nur 1,5–2 m lang.

Alle kleinwüchsigen Obstbäume wie der Apfel 'Ballerina', Sauerkirschen oder Zwerg-Pfirsiche eignen sich für den Kübelgarten auf der Terrasse. Als Unterpflanzung macht die Erdbeere süße Freude.

▶ Rote Johannisbeeren

(Ribes rubrum)

Die mittelfrühe Sorte 'Rolan' hat lange Trauben und ist wenig verrieselungsanfällig. Ein Klassiker ist 'Jonkheer van Tets', sehr ertragreich, mit kurzen Trauben. Sehr schmackhaft sind auch die weißen Johannisbeer-Sorten wie 'Weiße Versailler'.

▶ Schwarze Johannisbeeren

(Ribes nigrum)

Sehr Vitamin-C-reich. Pflanzen Sie zu besserer Befruchtung und höherem Ertrag zwei verschiedene Sorten, z. B. 'Bona', riesengroße Beeren, Reife im Juli, und 'Dr. Bauer's Ometa', Reife Ende Juli.

▶ Erdbeeren

(Fragaria × ananassa)

Zahlreiche Sorten. Hier mein Tipp: 'Mara des Bois' fruchtet vom Frühsommer bis in den Spätherbst und schmeckt himmlisch. Beste Pflanzzeit: August bis September.

Gestaltungstipp:

Pflanzen Sie Johannis- und Stachelbeer-Stämmchen und unterpflanzen Sie diese mit Erdbeeren, Rhabarber und Stauden – und die Naschecke ist perfekt.

Die Ernte von eigenen Weintrauben – welch lustvoller Akt! Mit resistenten Rebsorten wie 'Boskoop Glorie' kein Problem.

Schmackhafte Begrünung von Mauern und Pergolen

▶ Kiwi

In unseren Breiten werden die großfrüchtigen Kiwis (*Actinidia deliciosa*), die wir aus dem Supermarkt kennen, nicht immer reif. Die kleinfrüchtigen, so genannten Arguta-Kiwis (*Actinidia arguta*) reifen direkt am Strauch und vertragen Temperaturen auch unter –20 °C. Die glattschaligen Früchte sind zwar kleiner, doch im Geschmack und Aroma kaum zu unterscheiden von den großen Kiwis. Pflanzen Sie mehrere weibliche Sorten, z. B. *Actinidia arguta* 'Ambrosia', 'Maki' oder 'Amuna', zusammen mit einer männlichen Befruchtersorte (*Actinidia deliciosa* 'Matua') an eine sonnige Mauer. Bis zur ersten Ernte dauert es 3–4 Jahre.

▶ Weinreben

Im Hausgarten sollte man nur robuste, widerstandskräftige Sorten anpflanzen, die so genannten Robusta-Reben. Die blaufrüchtige Sorte 'Muscat bleu' trägt große, ovale, süße Beeren und ein sehr dekoratives Laub. Die Sorte 'Romulus' hat kernlose, mittelgroße Beeren und ist starkwüchsig. Ebenfalls sehr widerstandskräftig ist 'Boskoop Glorie' mit süßen, blauen oder weißen Früchten und schönem Laub.

auf einen blick

- Vor Blicken schützen
  Gemütlich wird ein Sitzplatz erst, wenn er vor fremden Blick geschützt wird, z. B. durch dichte Hecken, Zäune mit Kletterpflanzen oder hohe Solitärgräser.
- Kletterpflanzen für Lauben
  Geißblätter und Rambler-Rosen mit ihren langen Trieben begrünen Metallgerüste und Kletterhilfen sehr schnell.
- An Gaumenfreuden denken
  Pflanzen Sie in die Nähe des Sitzplatzes Sträucher mit essbaren Früchten, wie Stachel- oder Johannisbeeren.

Bezugsquellen und Adressen

Gartenhäuser, Pavillons, Gartenlauben

Salzberger, Holz + Haus GmbH
In den Auenwiesen 1–3
D-36286 Neuenstein-Aua
Tel.: 0 66 77/1 80

Hölscher und Leuschner
WoGa – Wohnen & Garten
Siemensstr. 15
D-48488 Emsbüren
Tel.: 0 59 03/9 39 60

Selfkant Wolters GmbH
Maria-Lind-Straße 29
D-52525 Waldfeucht, OT Braunsrath
Tel.: 0 24 52/2 17 82

Werth-Holz GmbH
Postfach 980
D-57407 Finnentrop
Tel.: 0 23 95/18 90
Internet: www.WERTH-HOLZ.de

Gartenhaus-Zentrum Geiger
Robert Geiger GmbH
Karlstraße 61
D-74405 Gaildorf
Tel.: 0 79 71/70 24

Classica Glaspavillons
Peter Bisgaard
Civilingenior, Todbjerg
DK-8530 Hjortshoj
Dänemark
Tel.: 00 45/86/99 93 00

Gewächshäuser

Alitex, The Glasshouse Company
(Gewächshäuser im Stil der
viktorianischen Zeit)
Postfach 1114
D-53701 Siegburg
Tel.: 02 28/9 78 31 46

Gartenmöbel

Sonnenschirme:

Artbeat Versand
Hahnenkamp 29 a
D-25358 Horst
Tel.: 0 41 21/5 04 48

Klappliegestühle:

Habitat Deutschland
Zentrale in Düsseldorf
Tel.: 02 11/8 65 09 13
(Dort erhalten Sie Hinweise auf eine
Habitat-Filiale in ihrer Nähe)

Schaukelstühle, Gartenmöbel aus Teakholz:

Garpa
Kiehnwiese 1
D-21039 Escheburg
Tel.: 0 41 52/92 52 00

Teak & Garden, Gut Schönau
D-21465 Reinbek-Ohe
Tel.: 0 41 04/9 77 30
Internet: www.teak-and-garden.de

Gartenmöbel aus Kanadischem Zedernholz

Yoh-Art Home & Garden,
Yvonne Joh-Reifhofer
Düsseldorfer Landstr. 415
D-47259 Duisburg
Tel.: 02 03/78 42 42
Internet: www.HomeandGarden.de

Bootslauben

Mark Anthony Walker
Beachcomber Trading
4 The Cottages
Bedmond, Herts WD5 0RZ
United Kingdom
Tel.: 00 44/70 71/22 68 38

Gartenschmuck, Rankhilfen

Country Garden Christel Plasa
Auf den Beeten 12
D-72119 Ammerbuch-Reusten

Die Gartengalerie
Wössingergasse 15
D-75045 Walzbachtal
Tel.: 0 72 03/18 05

Gartenbedarf-Versand
Richard Ward
Günztalstr. 22
D-87733 Markt Rettenbach
Tel.: 0 83 92/16 46

Hesperiden
In der Schmalau 4
D-90427 Nürnberg
Tel.: 09 11/30 58 88

Gehölze

Baumschule Lorenz von Ehren
Maldfeldstr. 4
D-21077 Hamburg
Tel.: 0 40/76 10 80
(Spezialität: Formschnittgehölze)

Baumschule Huben
Schliesheimer Fußweg 7
D-68526 Ladenburg
Tel.: 0 62 03/9 28 00

Baumschulen Grubele
Martin-Luther-Weg 14
D-71554 Weissach in Tal
Tel.: 0 71 91/5 12 34
(Spezialität: Ahorne, Kiefern, Ginkgo)

Clematis

F. M. Westphal
Peiner Hof 7
D-25497 Prisdorf
Tel.: 0 41 01/7 41 04

Rosen

Noack-Rosen
Im Fenne 54
D-33334 Gütersloh
Tel.: 0 52 41/2 01 87

Rosen von Schultheis
Bad Nauheimer Str. 3–7
D-61231 Bad Nauheim-Steinfurth
Tel.: 0 60 32/8 10 13
(vor allem Alte Rosen)

David Austin Roses
Bowling Green Lane, Albrighton
Wolverhampton WV7 3HB
United Kingdom
Deutsches Tel.: 00 44/19 02/37 63 71
E-Mail: german@david-austin.
simplyonline.co.uk

Kübelpflanzen

Südflora Peter Klock
Postfach 52 06 04
D-22596 Hamburg
Tel.: 0 40/8 99 16 98

Flora Mediterranea
Ch. und M. Köchel
Haus Nr. 5
D-84072 Königsgütler/Au
Tel.: 0 87 52/12 38

Stauden

Marianne Foerster
Staudengarten GmbH
Am Raubfang 6
D-14469 Potsdam
Tel.: 0 37 33/2 02 36

Annemarie Eskuche
Staudenkulturen am Söhnholz
D-29664 Ostenholz
Tel.: 0 51 67/2 87

Heinz Klose
Rosenstr. 10
D-34253 Lohfelden
Tel.: 05 61/51 55 55

Staudengärtnerei Georg Arends
Anja Maubach
Monschaustr. 76
42369 Wuppertal-Ronsdorf
Tel.: 02 02/46 46 10,
E-Mail: Stauden@Arends.de

Staudengärtnerei Dieter Gaissmayer
Bioland-Gärtnerei
Jungviehweide 3
D-89257 Illertissen
Tel.: 0 73 03/72 58
Internet: www.staudengaissmayer.de

Hostas – Ann & Roger Bowden
Sticklepath, Okehampton,
Devon EX20 2NL
United Kingdom
Tel.: 00 44/18 37/84 04 81
E-Mail: bowdenhostas@eclipse.cc.uk

Duftpflanzen

SYRINGA-Samen, B. Dittrich
Postfach 11 47
D-78245 Hilzingen-Binninger
Tel.: 0 77 39/14 52

Gartenbau Wagner
Gutendorf 36
A-8353 Kapfenstein
Tel.: 00 43/31 57/23 95
E-Mail: h.wagner@styria.com

Sommerblumen

Blumenschule Rainer Engler &
Sabine Friesch
Augsburger Str. 62
D-86956 Schongau
Tel.: 0 88 61/73 73

Blumensamen

Samen Jansen
Postfach 30 01 47
D-46383 Bocholt
Tel.: 00 31/31/5 65 12 35

Thompson & Morgan
Poplar Lane, BG-Ipswich,
Suffolk IP8 3BU
United Kingdom
Tel. 00 44/14 73/68 88 21
(auch Zwiebeln von Blumen)
(erhältlich auch über:
Thysanotus Samen-Versand
Uwe Siebers
Bockhorster Dorfstr. 39 a
D-28876 Oyten
Tel.: 0 42 07/57 08
E-Mail: UweSiebers@t-online.de)

Weiden für Weidentipis

Firma Freitag & Sohn
Gartenstr. 21
D-85354 Freising
Tel.: 0 81 61/9 15 76

Reisetipps

Modellgärten mit vielen Ideen zu Sitzplätzen

Jan Boomkamp, Hesselerweg 9,
Borne bei Hengelo (nahe der
deutsch-holländischen Grenze
bei Rheine)
Tel.: 00 31/742 66 41 81
(Die Modellgärten sind vom 1. März
bis 30. November geöffnet.)

Senkgarten im Schaugarten

der Staudengärtnerei Foerster
(Adresse siehe unter »Stauden«).

Stichwortverzeichnis

Bildnachweis:

Beachcomber Trading / M. A. Walker: 67
Borstell: 2/3, 40 ,4u, 5, 6, 7, 9, 13, 14, 17u, 20, 21, 22, 26, 27ol, 28, 30, 320, 32M, 33M, 37, 38, 420, 44, 45, 48ol, 480M, 53, 55u, 61, 62, 63u, 640, 68, 69, 71, 72ur, 73u, 75, 76, 77, 78ol, 82, 85, 87, 88
GBA/Didillon: 40u, 630
GBA/GPL: 1, 12, 42u, 580, 730, 74, 860
GBA/Lawson: 400
GBA/Noun: 8, 36, 65l
Hölscher & Leuschner: 550
Pforr: 41, 520, 78ur, 79, 83or, 830l
Redeleit: 250, 27or, 32u, 33l, 33r, 34or, 34Mr, 35ol, 35Ml, 39, 54, 59, 60, 65r
Reinhardt: 170, 18, 24, 470, 47u, 50, 56
Sammer: 660
Seidl: 48u
Stein: 19, 34ul, 52u, 57r, 58u, 64u, 72ol, 81, 83u, 84, 89, 90
Strauß: 29, 31, 51, 86u, 91
Sturm: 57l
Unopiù: 25u
Wolf: 460, 46u, 66u

Für Andreas

Die Deutsche Bibliothek –
CIP-Einheitsaufnahme

Ein Titelsatz für diese Publikation ist bei
Der Deutschen Bibliothek erhältlich

**BLV Verlagsgesellschaft mbH
München Wien Zürich**
80797 München

© 2000 BLV Verlagsgesellschaft mbH, München

Umschlaggestaltung: Studio Schübel, München
Umschlagfotos: Borstell (Vorderseite oben); GBA/Noun (Vorderseite unten); Redeleit (Rückseite)

Layoutkonzept Innenteil: Studio Schübel, München

Grafiken: Christine Vogt

Lektorat: Dr. Thomas Hagen
Herstellung: Hermann Maxant

Layout und DTP: Satz+Layout Peter Fruth GmbH, München
Reproduktionen: Digital Picture Reprotechnik GmbH, München
Druck und Bindung: Druckhaus Neue Stalling, Oldenburg

Gedruckt auf chlorfrei gebleichtem Papier

Printed in Germany · ISBN 3-405-15759-5

Ideen für das Wohnen im Grünen

Siegfried Stein
**Gartenräume
wohnlich gestalten**
Ein breites Spektrum an Vorschlägen, wie man »Grüne Zimmer« gestaltet, die eine wohnliche Atmosphäre im Garten schaffen und einen angenehmen Aufenthalt im Freien ermöglichen.

Siegfried Stein
Kleine grüne Paradiese
Originelle Vorschläge aus dem Nutz- und Ziergarten – vom Squarefoot-Gardening über das Kraterbeet mit Gemüse und Kräutern bis zum Naschobst im Balkonkasten – mit genauen Anleitungen, Material- und Sortenempfehlungen.

Jutta Korz
Gärten umgestalten
Der Problemlöser: das Praxisbuch zur Garten-Umgestaltung Schritt für Schritt, Vorschläge und Ergebnisse mit konkreten Beispielen vorher – nachher, die Umgestaltung von Teilbereichen, Renovierung ganzer Gärten.

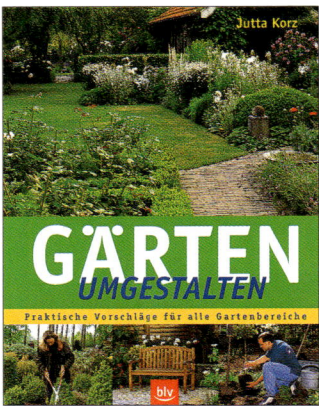

Christoph und Maria Köchel
**Kübelpflanzen
Der Traum vom Süden**
Exotische Pflanzen für Wintergärten und Terrassen: das Standardwerk – mit Porträts von über 160 Kübelpflanzen aus aller Welt, Gestaltungsvorschlägen, Pflanzplänen für Wintergärten und wertvollen Pflegehinweisen.

Paul Williams
Reizvolle Kletterpflanzen
Attraktive Pflanzbeispiele für die kreative Gartengestaltung mit Kletterpflanzen; die Bepflanzung von Mauern, Zäunen, Pergolen, Spalieren, Bäume und Sträucher als lebendes Klettergerüst und vieles mehr; die schönsten Kletterpflanzen für Garten, Balkon und Wintergarten.

Helga Urban
Ein Garten der Düfte
Duft und seine Bedeutung für den Garten, der Zusammenhang zwischen Duft und Farbe, die Gestaltung der verschiedensten Gartenbereiche mit Duftpflanzen, die wichtigsten Duftpflanzen im Porträt, mit Hinweisen zu Duftintensität und Duftcharakter bei jeder Pflanze.

Im BLV Verlag finden Sie Bücher zu den Themen: Garten und Zimmerpflanzen • Natur • Heimtiere • Jagd und Angeln • Pferde und Reiten • Sport und Fitness • Wandern und Alpinismus • Essen und Trinken

Ausführliche Informationen erhalten Sie bei:
**BLV Verlagsgesellschaft mbH • Postfach 40 03 20 • 80703 München
Tel. 089 / 127 05-0 • Fax 089 / 127 05-543 • http://www.blv.de**